오늘도

무조건 행복하세요.

To. ______________________

무조건
행 복
하세요

무조건 행복하세요

1판 1쇄 발행 2021년 7월 10일
1판 3쇄 발행 2021년 9월 3일

지은이_한영준, 김경미, 김의수, 공윤수, 박명희, 애나리, 전승연, 홍선혜,
올리스, 디마르, 로시오, 이경욱, 김온유, 박선아, 문유라, 김재환, 문유하
기획_박선아 디자인_문유라 일러스트_김재환 마케팅_문유하 사진_코인트리
등록번호_제2018-000016호 펴낸곳_달빛북스
주소_경남 김해시 식만로 348번길 42
전화_055-311-1584
전자우편_dalbitbooks@gmail.com
값은 표지에 있습니다.
ISBN 979-11-969591-0-4 03300

코인트리 X 달빛북스

무조건 행복하세요

코 인 트 리 가 전 하 는 행 복 시 나 리 오

달빛북스

추천사

처음에는 매달 후원만 하면 되는 줄 알았더니 이제는 책도 사달란다. 나 참ㅋ 멋있다고 몇 번 해줬더니 누굴 호구로 보나 진짜ㅋㅋ 아, 내가 이번까지만 산다. ㅋㅋ 후원도 계속한다.ㅋㅋ 시끄럽고 내 돈이나 가져가십쇼 형님.

박총명, 꽃호구

찐 행복은 큰돈이 아니라 나누는 것에 있다는 걸 재미나게 풀어놓은 책이다. 큰돈으로만 할 수 있는 일이 많다고 생각했는데 나의 고정관념을 깨뜨려준 책! 소소한 기쁨과 따뜻한 마음이 되고 싶다면 추천!

다채다은, 꽃받침 1기

복이 뭔지 앎? 진짜 행복을 아는 사람들을 만나는 게 찐 행복임! 어떻게 만나냐고? 무행하 읽으면 됨.

지나가던 자칭 꽃호구1, 코인트리 서포터즈 2기

이 책은 '우주' 같습니다. 순수하고 넓고 깊습니다. 나누기 위해 무조건 행복해야 하고 행복하기 위해 사랑하고 도전하고 즐기라 합니다. 그래서 스스로 만들고 싶은 세상을 생각해보라고 합니다. 스스로 만들고 싶은 세상이 있는 우주 같은 마음을 가지신 분들께 추천합니다.

김지애, ≪무조건 행복하세요≫ 꽃독자

세상이 시키는 대로, 세상이 원하는 가치를 따라서 열심히 하다 보니 여기까지 왔다. 열심히 공부해서 통역사라는 전문직으로 일하게 되었다. 그 덕에 많은 것들을 경험하긴 했지만 늘 마음이 텅 비어있었다. 분명히 하고 싶은 걸 선택해서 즐겁게 했는데 왜 충분히 행복하지 않을까?

이 책에는 한영준 대표님의 행복에 대한 비밀이 담겨있다. 그리고 마지막 페이지를 넘기는 순간 당신도 행복해질 것이다. 혹시라도 열심히 달리고 있지만 영 행복해지지 않는다면 지금 당장 이 책을 읽기 바란다. 그리고 우리 무조건 행복하기로 하자.

김민정, 한일전문꽃통역사

"교육받은 아이들은 적어도 자신이 처한 가난과 상황을 극복하거나 빈곤 문제를 해결할 수 있습니다." 코인트리와 함께 성장하면서 변화된 미래만큼 진실한 게 또 있을까. 올리스의 성장처럼 아이들의 미래가 변화될 것을 믿어 의심치 않는다.

이선미, 꽃호구&달맞이꽃평단

프롤로그

이 책의 목적은 당신이 행복해지는 것입니다.

행복에 대해 연구한 한 교수가 있습니다. 심리학 교수인 소냐 류보머스키(Sonja Lyubomirsky)는 18년간의 연구로 단 한 권의 책≪How to be happy - 행복도 연습이 필요하다≫을 출간하였습니다.

이 책에 따르면 행복을 결정하는 구성 요소는 유전 50%, 환경 10%, 의도적 활동 40%라고 합니다. 유전과 환경은 바꿀 수 없을지 모르나 40%에 해당하는 의도적 활동은 어떻게 구성하느냐에 따라 행복해질 수도 행복해지지 않을 수도 있다는 것입니다. 이러한 소냐 류보머스키 교수의 이론을 바탕으로, 행복을 위한 의도적 활동을 시작하고 싶은 이들을 위한 행복 지침서가 될 수 있도록 구성했습니다.

> 비밀은 이 40% 안에 들어있다. 진정으로 행복한 사람을 관찰해보면 그들이 그저 만족한 채 가만히 앉아있는 것이 아니라는 사실을 발견하게 된다. 그들은 일을 만든다. 무언가를 새롭게 이해하고, 성취하려고 애쓰며 자기 생각과 느낌을 통제한다.
>
> 요컨대 노력을 기울이는 의도적 활동이 우리의 행복에 막강한 영향을 미친다. 우리의 활동이 환경이나 설정값의 영향력을 능가할 수 있다.

만약 불행한 사람이 흥미, 열정, 만족, 평화, 기쁨을 누리고 싶다면 행복한 사람의 습관을 배우면 된다.

≪How to be happy - 행복도 연습이 필요하다≫ 91~92p 중에서

행복을 공부해 본 적이 있나요? 우리는 행복을 원하지만, 행복에 대해 배울 기회가 적습니다. 그래서 행복한 방법을 연구하고 그 내용을 책으로 담아 유산으로 남기려고 합니다.

이 책은 "내가 행복하면 행복을 나눌 수 있다."라고 말하는 코인트리의 13명(대표 한영준이라는 인물과 연결된 이사진, 함께 일하는 동료, 가족 그리고 친구, 현지 활동가 등)을 인터뷰해서 행복이 이론을 넘어 삶이 될 수 있도록 구성했습니다.

이 책의 마지막 저자는 당신입니다.

이 책은 워크북 형태로 이루어져 있습니다. 행복한 활동을 하는 사람들의 이야기를 통해 D.R.E.A.M 5가지 목차로 구성된 행복을 읽고, 당신의 이야기를 기록할 수 있도록 구성했습니다. 그러니 이 책의 마지막 저자는 당신입니다. 당신의 행복으로 이 책이 완성될 것입니다.

이 책은 평소에 책을 잘 읽지 않은 사람도 읽고 싶도록 구성되었습니다.

카페에서 만난 친구와 대화하는 듯한 문체와 현장을 생생하게 느낄 수 있는 사진을 담았습니다. ('책 한 권 끝까지 읽기'에 도전하려는 사람에게 책을 선물하고 싶다면 이 책을 추천해도 좋습니다. 더 행복해질 것입니다.)

≪무조건 행복하세요≫ 5가지 사용 설명서

★ 즐기기 – 행복 사진집

코인트리의 시선을 사진으로 담았습니다. 사진을 통해 새로운 세상을 만나보세요.

★★ 웃기 – 전지적 백 원 시점 만화

파란색 지면에는 백 원의 이야기를 담았습니다. 만화를 통해 백 원이 되어보세요.

★★★ 매일 읽기 - 하루 한 장(章)

13명의 '행복'을 인터뷰하여 구성했습니다. 하루 한 명씩 만나보세요. 행복 충전이 될 거예요.

★★★★ 집중하기 – 혼자 여행

이 책을 들고 혼자 여행을 떠나 '행복 마일리지' 13개의 질문에 답을 적는 시간을 가져보세요. 100 마일리지가 모이면 여행이 끝나고, 원하던 일상을 만들게 될 거예요.

★★★★★ 함께 읽기 – 무조건행복 독서 모임

독서 모임에서 나눔이 가능하도록 구성되었습니다.

≪무조건 행복하세요≫를 함께 읽는 모임을 만드시면 달빛북스로 연락 주세요. 독서 모임을 위한 PDF 파일을 보내드립니다.

바쁘고 힘든 삶을 사는 당신을 응원하기 위해 행복을 담아 왔습니다.

이 책을 읽고 당신도 행복해져서 더 행복한 세상이 만들어지기를 꿈꿉니다. 당신은 반드시 행복해질 것입니다.

무조건 행복하세요.

달빛북스

코인트리

이사

김의수

스리랑카 교장

올리스

홍보 모금 팀장

홍선혜

대표

한영준

한국 지부장

전승연

멕시코 교장

로시오

실제적 경영 지원자

애나리

인물관계도

이사
박명희

홍보대사
김온유

서포터즈 1기
이경욱

사무국장
김경미

볼리비아 교장
디마르

이사
공윤수

그리고 당신

with
달빛북스

차례

Dream 던져라 그리고 잡아라

꿈을 이루는 방법 5단계

Real 진짜를 만드는 리더

진짜 리더의 메시지 Best 4

Enjoy 무조건 행복하세요

무조건 행복하기 위한 3가지 질문

Avengers 오늘도 공동체

기적을 만드는 4가지 조건

Money 100원이 원하는 세상

코인트리가 전하는 3가지 행복 시나리오

Dream

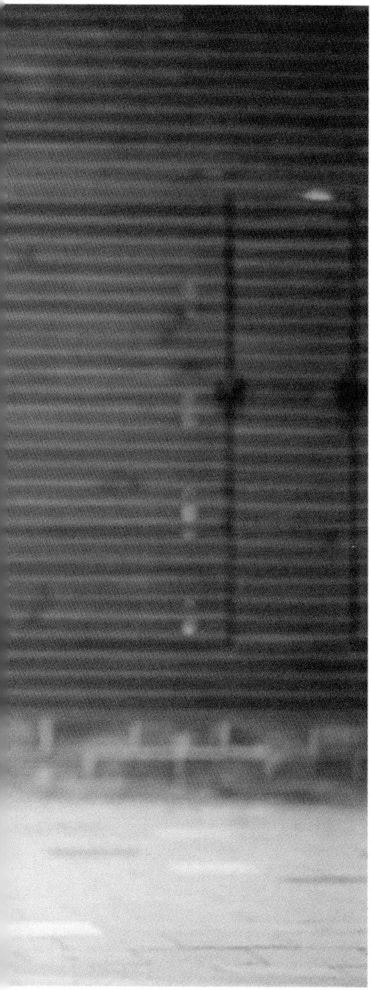

한영준

- 국제 비영리 코인트리 대표 겸 호구 대장
- 100원을 모아 병원을 짓는 세계여행자 & 공정 여행가
- 취미는 사랑, 특기는 허세

한국 포함 4개의 해외지부에서 300명 넘는 아이들에게 매일 교육을 제공하며 의료지원 또한 활발하게 하는 소액기부를 아주 좋아하는, 빈곤 포르노를 하지 않는, 행복하게 나누는, 장점 많은 단체 코인트리 대표로 활동 중

이 책에 등장하는 한영준을 지칭하는 말
'꽃거지', '화니또', '한', '한영준 대표'

Money

***전지적 백 원 시점**

코인트리의 소액 기부 프로젝트를 백 원의 시점으로 풀어낸 만화.

글 박선아 | 그림 김재환

#1 전지적 백 원 시점

내가 세 가지 질문을 해볼게. 잘 들어봐.

드디어 네가 모든 시험에서

100점 만점을 받은 거야.

기분이 어때? 너무 좋지?

그럼 이건 어때?

네가 그토록 원했던 산티아고를 걸었어.

힘들었지만 걷고 또 걸어서

드디어 눈앞에

100km 표지석이 있는 거야.

기분이 어때? 좋지?

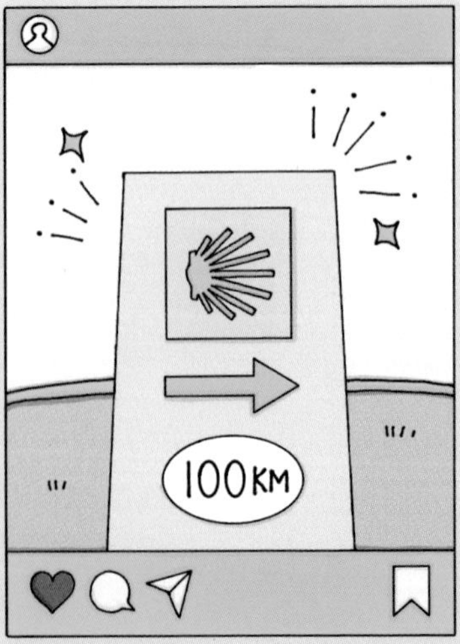

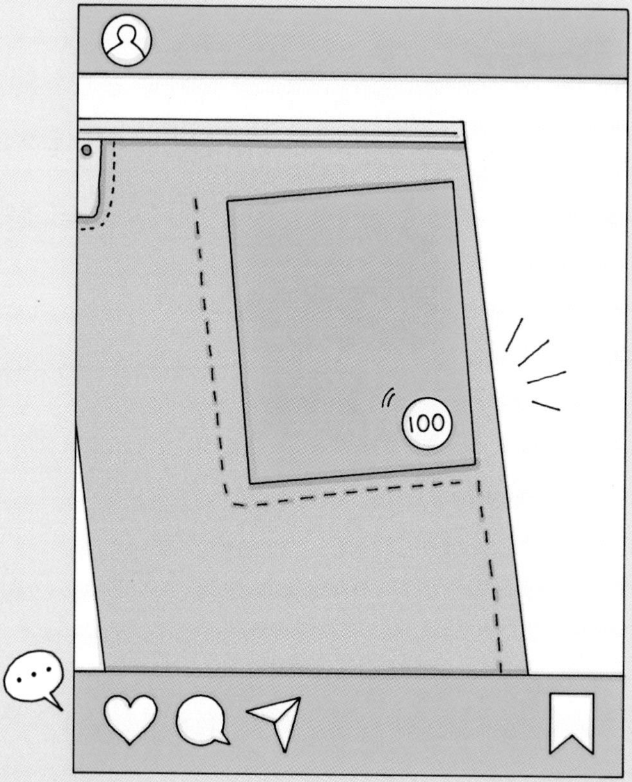

그럼 이건 어때?

너의 주머니에서 **100원**을 발견했어.

…….

100점, 100km보다 기쁘진 않지?

왜 난 안 좋아하는 거야?!
나는 왜 이런 취급을 받아야 해?
나도 같은 백 씨인데-!!

〈내 이름은 백 원〉

나도 백 점, 백 킬로미터, 백만장자처럼

백 씨에 어울리는 삶을 살고 싶어.

'**백 원으로 태어나기를 잘했다.**'라고 말하는 삶을 살고 싶어.

가보자!

나를 귀하게 대해주는 곳이
분명 있을 거야!

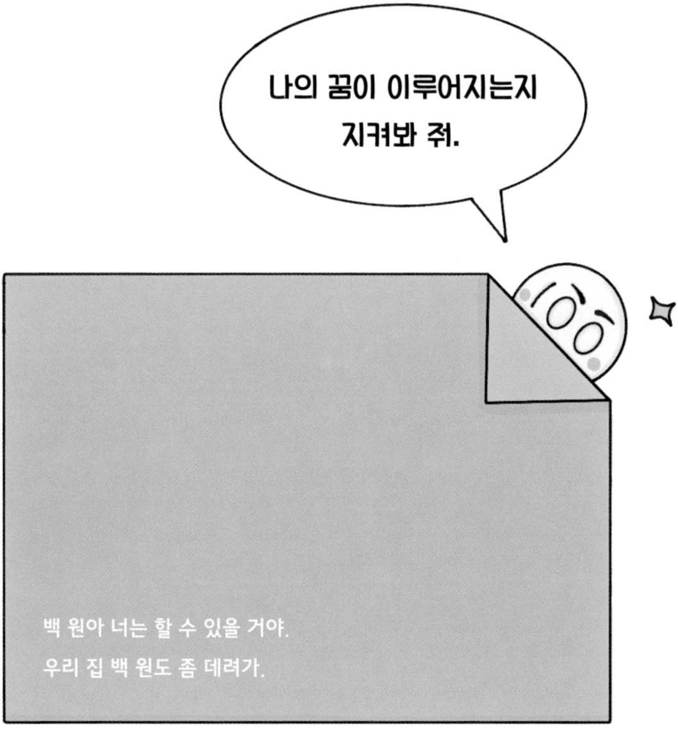

꿈을 찾아 떠나는 백 원에게
응원의 한 마디를 적어보세요.

Dream

Playing

Focusing

My ball

Running

Catch ball

꿈을 이루는 5단계

1. 마이볼: 나의 공 찾기
2. 포커싱: 가진 것에 집중하기
3. 플레잉: 하고 싶은 건 하고 살기
4. 러닝: 진심으로 도전하기
5. 캐치볼: 꿈을 현실로 만들기

던져라 그리고 잡아라

마이볼 My ball
나의 공 찾기

2018년 9월 18일

열여덟 살에 세계 일주를 꿈꿨다. 그 꿈이 시작된 건 스물다섯 살이었다. 만 7년이나 세계 일주를 준비했을까? 아니었다. 6년은 꿈, 목표는 있었지만 아무 준비도 하지 않았다. 그 시간이 아무 의미 없는 건 아니었지만 참 비효율적인 시간이었다. 스물네 살이 되어서야 세계 일주를 준비하기 시작했다. 딱 1년을 준비했다. 아르바이트를 했고 영어 공부를 시작했다. 비자를 알아보고, 티케팅을 했다.

나의 학창 시절 이야기를 재미있게 풀어보겠다.

나는 하늘을 나는 법을 배우고 싶었다. 하지만 세상의 선생님들은 다양한 것들을 배워야 한다고 말했다. 돌고래 선생님은 수영이 중요하다고 하셨다. 나는 물이 무서웠지만, 물에 들어갔고, 물장구치는 법을 배웠다. 호흡법을 배웠다. 하지만 몇 년이 지나도 나는 돌고래 선생님처럼 헤엄을 칠 수 없었다.

치타 선생님은 달리기가 중요하다고 하셨다. 출발 자세부터 터닝 방법까지 배웠다. 숨이 차올라서 심장이 터져버릴 것 같았지만 치타 선생님은 내가 항상 느리다며 재촉하셨다. 나는 결국 다리를 삐끗했다. 그제서야 그 수업에서 낙제되어 다른 수업을 들을 수 있었다. 원숭이 선생님은 나무를 오르는 수업이 중요하다고 하셨고, 두더지 선생님은 땅을 파는 수업이 중요하다고 하셨다. 나는 정말 하늘을 날고 싶었는데, 나는 것과는 크게 상관없는 수업을 들어야 했다. 다른 수업을 듣고 나면 여유가 없었다. 날고 싶다는 생각보다는 쉬고 싶다는 생각이 들었다.

그렇게 내 학창 시절을 흘려보냈다. 대학에 진학해서도 마찬가지였다. 나는 휴학계를 냈다. **그리고 처음으로 단 하나의 전공만 나에게 허락했다.**

세계 여행

돈을 벌어 티켓팅을 했고, 비행기를 탔고, 입국심사를 마치고, 한 번도 밟아본 적이 없는 호주에 발을 디뎠다. 아무도 나를 아는 사람이 없는 곳이었다.

9년이 지난 지금, 나는 내가 날고 싶을 때 나는 법을 배우고 있다. 내가 수영을 하고 싶을 때 수영을 배우고 있다. 또 나무를 오르고 싶을 때 사다리를 만들 줄 아는 지혜까지 생겼다.

해피 마일리지 [+2]

마이볼: 나의 공 찾기

꿈을 공이라고 생각하고 목표지점에 던지고 잡으러 가면 돼.

그럼 꿈이 이루어져.

꽃거지 한영준

Q. 나의 공은 무엇인가요?

아래에 세 가지 조건 중 두 가지 이상 체크했다면 자신의 공이 맞습니다.

- ☐ 시간이 걸려도 반드시 하고 싶은 꿈
- ☐ 세상은 가르쳐주지 않았지만 반드시 하고 싶은 것
- ☐ 나에게 허락하고 싶은 단 하나의 전공

포커싱 Focusing
가진 것에 집중하기

2018년 9월 19일

독하다. 나는 어렸을 때부터 독하다는 소리를 자주 들었다. 그 독함으로 홀로 자전거 전국 일주를 무전으로 하기도 했고, 부모님의 큰 도움 없이 생활비와 학비까지 벌며 대학을 다녔다. 세계 일주를 준비하면서도 부모님께 용돈을 드리고, 여행도 보내드렸다. 언제나 독하게 일했고, 목표한 바가 있으면 작은 성취라도 얻어내려고 노력했다. 세계 일주를 위해 돈은 벌었지만, 영어는 준비하지 못했다. 그래도 돈이 있으니 가서 학원을 등록하거나 바로 일자리를 구하면 생활영어가 금방 늘 거라고 생각했다.

나는 나를 신뢰했다. 스물네 살(2008년)의 어린 나이에 아르바이트로만 1년에 3천만 원을 넘게 모았고, 혼자 자전거로 전국 일주까지 했으니 말이다. 하지만 곧 좌절이 찾아왔다. 호주에서 나는 말 못 하는 키 작은 동양인이었다. 돈이 있을 때는 매일 클럽에 가서 여자를 만나고 고급 아파트에 지내고 여행과 낚시를 즐겼지만 4개월도 지나지 않아 나는 빈털터리가 되었다.

꾸준함에 자신이 있었지만 나는 꾸준히 영어 공부를 피했다. '길거리에 있는 노숙인과 이야기하면서 영어 공부하면 되지!'라는 생각은 '노숙인이 혹시 해코지하면 어쩌지?'라는 생각으로 바뀌었고, 영어로 메뉴를 주문하는 게 무서워서 비싼 한인 식당에 가거나 맥도날드에서 세트 메뉴에 콜라만 주구장창 주문했다. 살은 찌고 통장의 잔액은 줄어갔다.

"인생 뭐 있어!"라고 외치던 한영준은 인생이 뭐가 있다는 걸 깨달았다. 돈이 없으면 집을 빼야 했고, 말을 못 하면 허드렛일밖에 할 수 없었다. 한인 야간 청소 일이라도 해야 했는데 자존심밖에 남은 것이 없어서 죽어도 한인 밑에서 일하고 싶지는 않았다. 이쯤 되니 자격지심 외에는 남은 것이 없었다.

통장을 확인해 보았다.

60만 원.

이번 달 월세를 낼 수도 없는 돈이었다. '어쩌다가 이렇게 됐지?' 그날 밤 나는 나의 실패 요인을 적어 내려갔다. 그러나 거기에서 멈추지 않았다. 내가 여전히 가지고 있는 것들도 적어보았다.

용기, 60만 원, 건강한 몸, 도전 정신, 카메라, 무전여행 경험.

나는 3일 뒤 배낭 하나에 모든 짐을 싣고 길 위에 섰다.

외딴 세상에 나를 던져버리기로 했다.

이 새로운 여행은 나를 새로운 길로 인도해 주었다.

"당신이 가는 곳까지 갑니다. 나를 태워주세요."

해피 마일리지 [+3]

포커싱: 가진 것에 집중하기

Q. 실패를 경험했더라도 내가 여전히 가지고 있는 것은 무엇인가요?

나는 3일 뒤 배낭 하나에 모든 짐을 싣고 길 위에 섰다.

외딴 세상에 나를 던져버리기로 했다.

이 새로운 여행은 나를 새로운 길로 인도해 주었다.

용기

도전 정신

건강한 몸

"나는 아내에게 존경하는 제자가 생겼다고 말했습니다.
지금도 그는 나의 스승인 제자입니다."

- 김의수 -

김의수

코인트리 이사

≪네가 아는 상식 그게 철학이야≫ 저자

한영준 대표의 대학 은사, 철학과 교수

공정여행가 한영준을 자신의 작품이라고 늘 자랑하심

한영준 대표의 최초 후원자

한영준은 철학과 학생이었지만, 별로 철학적인 분위기는 아니었어요. 속된 말로 방방 뛰는 스타일이었지요. 그전에도 알고는 있었지만, 개인적으로 친분을 쌓기 시작한 건 영준이가 호주에 다녀온 후였어요. 여행한 이야기를 서로 나눌 기회가 있었는데 좋더라고요. 종종 이런 이야기를 나누자고 했던 게 관계의 시작이었어요.

영준이의 여행은 특별해 보였어요. 보통은 유명한 여행지를 찾아 관광을 하는데 영준이는 그 지역에 사는 아이들과 놀고, 현지인이 운영하는 가게에서 물건을 사더라고요. 한 번은 동남아시아 여행을 다녀온 이야기를 해주었어요. 돈의 가치를 새롭게 만난 이야기였죠. 한국에서 5,000원으로 커피 한 잔을 살 수 있지만, 현지에서는 커피 열 잔을 사 줄 수 있다고 했어요. 같은 돈으로 여기서 보다 그곳에서 훨씬 많은 것을 할 수 있었다고 하더라고요. 그래서 제가 이렇게 말해 줬어요.

"네가 하고 있는 그 여행이 바로 공정여행이야."

그리고 공정여행에 관한 책을 선물로 줬어요. 그 책을 열심히 읽더니 그때부터 자신을 〈공정여행가 한영준〉이라고 소개하더군요.

그때 참 흐뭇했어요.

우리가 보통 생각하는 여행은 좋은 나라, 좋은 장소, 좋은 레스토랑을 찾아 다니잖아요. 하지만 영준이는 본인의 여건 내에서 여행하고, 사람을 만나는 여행을 한다는 게 기특했어요. 그리고 소박하게 동전을 모아 아이들을 돕는다는 것이 참 마음에 들었어요. 그렇게 작은 일을 시작할 때 우선적으로 필요한 것은 후원과 격려라고 생각했어요. 그래서 나도 동참하겠다고 했지요.

11년 전에도 한영준은 발로 뛰는 활동가였어요. 그리고 SNS를 통해 공동체를 만들어 가기 시작했어요. 지금 세계적인 스타로 자리를 잡은 BTS처럼 한영준도 그 당시 인터넷을 통해 국제적인 네트워크를 만들었죠. 그는 여행에서 만난 아이들을 사진으로 담아 커피숍에서 사진전도 하고 "100원만!"이라고 외치며 동전을 모으기도 했어요. 그렇게 소박하고 낭만적인 모습이 나와 딱 맞는 수준이었죠.

그런데 시간이 흐를수록 저는 불안해지기 시작했습니다. 그의 인기 상승세에 가속도가 붙기 시작했거든요. '재정을 투명하게 잘 관리할까? 해외에서 활동하면서 일이 잘못되면 어떻게 하나, 이름이 알려지고 사람들이 주목할 때 혹시 스타의식을 갖거나 교만해지면 안 될 텐데….' 이런저런 걱정이 앞섰습니다.

걱정이 가득한 저의 마음을 편안하게 해준 전화 한 통이 왔어요.

"선생님, 영준인데요, 서울에서 중요한 모임을 하는데 올라와 주세요."

그래서 바로 달려갔어요. 제 걱정과 달리 사단법인 코인트리를 만드는 것을 보면서 마음이 놓였어요.

'서울까지 와달라고 하는 걸 보니 당연히 이사장직은 나에게 주겠지.'라고 생각했는데 자기가 이사장을 하더라고요. 참 대단한 제자예요. (웃음)

코인트리를 만드는 모임에 가보니 다양한 분야에서 여러 경력을 가진 분들이 함께 하고 있었어요. 무엇보다도 꽃거지 한영준처럼 순수한 마음을 간직한 분들이어서 기쁘고 자랑스러웠어요. 지금은 볼리비아에서 멕시코까지 활동영역을 넓혔지요. 든든한 조직으로 활동하기 때문에 더 이상 걱정은 없고 보람만 느낍니다.

어느 날 그가 볼리비아에서 메일을 보내왔어요. 활동 보고서라는 제목이었죠. 늘 그렇듯 그의 글쓰기에는 독특한 형식이 있어요. 자기 자랑을 하는 방식으로 이야기를 나누고 마지막 한 줄에서 가장 하고 싶은 말을 하지요. 사실은 대단히 힘들고 어려운 상황에서 그걸 내색하지 않고, 대범하게 넘기듯 이야기를 풀어갑니다. 그러다가 마지막에 한마디 툭 내뱉고 글을 마무리할 때 그의 마지막 한마디는 늘 철학이었어요. **나는 학교에서 철학을 가르치지만, 그는 세상에서 행동하는 철학자로 살아주었어요.**

오늘도 저는 아내에게 이렇게 말합니다.
나는 존경하는 제자가 있다고.

지금도 그는 나의 스승인 제자입니다.

#한영준_철학과_학생_방방_뛰는_스타일
#눈물_나게_사랑하는_제자

아름다운 진실

세상에는 불편한 진실이 많습니다. 너무 많습니다. 인류 문명은 놀라운 발전을 이룩해 왔습니다. 그런데도 20세기에 세계대전이 두 차례나 벌어졌고, 그 이후로도 수많은 전쟁을 겪었습니다. 21세기에는 평화로운 삶을 살아야 한다고 모든 사람이 다짐했지만, 전쟁은 여전하고, 기후변화가 재앙을 예고합니다. 지금 겪고 있는 코로나19 위기도 우리에게 많은 경각심을 주고 있지요. 부자와 가난한 자의 격차 또한 점점 심화돼 왔습니다. 이렇게 거대한 문제 말고도 우리의 일상은 문제로 가득합니다.

그것이 우리의 현실이지만 **우리는 반드시 아름다운 진실을 찾아야합니다.**
코인트리는 아름다운 진실을 만들어가는 작지만 감동적인 공동체입니다.
당신도 코인트리와 함께 아름다운 진실을 만들어 가면 좋겠습니다.

- 김의수 -

2018년 6월 22일 한영준의 기록

가난하게 살고 싶어서 선택한 비영리가 아니다.

함께 잘 살고 싶어서,

그래서 비영리를 선택했다.

김경미, 한영준 결혼식 2015년 5월 23일

주례사: 김의수

한영준은 어려운 나라 사람들에게 집을 지어주고 공책을 사다 주는 훌륭한 청년입니다. 그런데 자기가 하는 일을 고상하고 감동적으로 말하지 않습니다. 말은 절대로 공손하게 할 줄을 모릅니다. 욕도 하고, 잘난 척은 하늘을 찌릅니다. 그런 식으로 편지를 써서 매주 한 차례씩 후원자들에게 보내옵니다. (그런데 한영준의 글에는 철학이 들어있습니다.) 또 넋두리, 또 잘난 체, 또 주절주절 이야기보따리를 풀어놓는구나 싶으면 어딘가 번득 철학이 지나갑니다. 어떤 날은 글이 아니라 사진 한 장으로 심오한 철학을 전해 줍니다. 그렇기 때문에 많은 사람들이 한영준을 후원합니다. 인생을 돌아보게 하고, 세상을 고민해 보게 하는 영준이의 글과 사진은 후원자들에게 값진 선물이 되고 있습니다.

한영준은 온 세상 사람들을 위해서 고달픈 젊음을 불태우고 있지만, 저러다가 자신의 인생은 누가 돌봐줄까요? 나는 언제나 그것이 걱정이었습니다. 그런데 어느 날 김경미가 나타났습니다. 인도 여행에서 떠돌이 한영준을 만난 겁니다.

저런 남자를 좋아하는 여자는 바보입니다. 그런데 모든 천사는 다 바보입니다. 김경미는 바보 같지만 천사이고, 방방 뛰는 한영준을 구해줄 구세주입니다. 한영준은 주저리주저리 많은 헛소리를 하다가 언뜻 진리의 말을 내뱉고 지나가지만, 김경미는 한마디 말하려면 두 시간을 곰곰이 깊이깊이 생각합니다. 그러고 나서 겨우 두 마디 말을 합니다. 그런데 그 말은 그대로 진리입니다.

내가 오늘 두 사람을 너무 띄워주나요? 나는 주례사를 준비하는 과정에서 김경미에게 질문을 던졌습니다.

"영준이가 결혼식에서 어떤 맹세를 해주면 좋겠니?"

그랬더니 김경미는 두 시간 후에 대답했습니다.

"호기는 부리더라도 양심은 지키자."

(영준아, 너 호기는 부리더라도 양심은 우리 정말 끝까지 지키자!)

진짜 진리입니다.

이렇게 두 사람이 환상적인 결혼을 하려는데 초를 치는 분이 있다면 어떨까요? (한영준 어머님은 21세기 새로운 시어머니 상을 보여주십니다.)

김경미가 결혼하겠다고 인사드리러 갔더니 말씀하셨습니다.

"경미야, 지금이라도 늦지 않았다. 영준이를 돌보는 것은 너무 힘든 일이니까 결혼을 포기해도 된다."

모든 어머니들은 내 아들 잘났다고 생각하고, 며느리는 좀 시원찮다고 생각하시는데, 영준이 어머님은 역시 천사과에 속하는 시어머니이십니다. 나는 양가 부모님의 멋진 모습들, 형제와 가족들의 열린 자세들을 다 파악했습니다. 그 내용을 자세하게 소개해야 하는데, 오늘의 독재자 한영준이 말했습니다.

"주례사는 절대로 5분 50초를 넘기지 말아 주세요."

몬 된 놈~! 한영준! 결혼하면 좀 잘해~! 아, 속이 후련하네요. 교수한테도 욕하고, 하나님한테도 욕하는 한영준이를 오늘 한번 혼내줬네요. (웃음)

신랑 한영준이 마지막으로 부탁한 말이 있습니다. 장인 장모님과 가족 여러분이 영준이를 받아주셔서 정말 너무 감사하답니다.

여러분, 이 친구들 잘 살 거예요. 잘할 거라고 믿습니다.

모두 모두 축하합니다!

2015년 5월 24일 한영준의 기록

음식도 부족했습니다.

준비도 미흡했습니다.

연락도 제대로 못 드리고

선물도 허술했지요.

이러한 부족한 결혼식에

부족한 신랑 신부가 서로 부족한 부분을 채우며 결혼을 했습니다.

죄송합니다.

그리고 매우 감사합니다.

잘 살겠습니다.

늘 부족한 것들을 넘치게 채워주시는 모든 분께 감사 인사 드립니다.

제 생애 가장 아름다운 날이었습니다.

넘치는 사랑을 받는 날이었습니다.

나누며 행복하게 살겠습니다.

저희를 향한 축의금은 저희를 키워주신 부모님에게 드리고

저희가 키워야 할 볼리비아 아이들과 네팔 어린이들을 위해

기부하기로 했습니다.

27일 다시 볼리비아로 돌아갑니다.

호기는 부리되 양심은 속이지 않는 한영준이 되겠습니다.

김경미를 평생 사랑하며 섬기겠습니다.

플레이잉 Playing
하고 싶은건 하고 살기

2016년 4월 15일

자기가 하고 싶어 하는 일을 하지 못하는 친구들이 있다면 나 한번 진짜 만났으면 좋겠다.

내 입으로 내 소개를 하자면

- 햇수로 8년째 세계 여행을 하고 있고
- 집과 농장 도서관 학교 등을 내 손으로 직접 지어 선물했고
- 사진 개인전도 8번이나 열었고
- 버클리대학 등 유명한 대학에서 강연도 했고
- 한국 공중파뿐 아니라 여기저기서 방송 다큐멘터리 의뢰도 오고
- 지금은 정규학교는 아니지만 그래도 남미 볼리비아에 작은 학교를 세워서 교장도 하고 있어.

나 혼자 한 건 아니지만 기업과 방송 후원 없이 세운 학교에 약 4만 명 후원자들을 유치하고, 무엇보다 예쁜 아내랑 알콩달콩 지내고 (맨날 재밌지는 않지만) 나름 하고 싶은 것들을 하며 살아가고 있는 몸짱에 패기 넘치고 제 잘

난 맛에 사는 관심종자 중 2병 말기 환자란다. 뭐 솔직히 더 자랑할 것은 많은데, 그건 오늘 내가 하고 싶은 이야기는 아니니까 패스할게. (써놓고 이렇게 재수 없을 줄이야….)

내가 세계 일주를 한다고 했을 때 말이야. 난 영어도 못 했고 돈도 넉넉지 않았어. 대학 졸업도 1년밖에 안 남았었고 심지어 당시 여자친구도 있었어. 근데 그냥 떠난 거야. **여행하지 못할 이유는 수백 가지였지만 가야 할 이유는 단 한 가지였거든.**

[가고 싶었으니까.]

내가 사진전을 한다고 했을 때 말이야. 난 20만 원짜리 중고 카메라와 싼 렌즈 2개가 다였어. 포토샵? 그런 거 몰랐어. 사진? 배운 적 없었지.

아무것도 모르면서 태블릿에 내가 찍은 사진 몇 장 넣어서 전시장, 카페 사장님들을 만나서 말도 안 되는 계획이나 말하고 다녔어. 근데 그냥 전시회를 한 거야. 사진전을 못할 이유는 수백 가지였지만 하고 싶은 이유는 단 한 가지였거든.

[하고 싶었으니까.]

내가 유럽에서 돈을 벌어 스리랑카에 처음 집을 짓는다고 했을 때도 똑같았어. 난 건축을 몰랐고, 돈도 없었고, 당장 누구에게, 어떻게 지어 줄지도 몰랐으니까. 근데 그냥 집을 지은 거야. 일하고 돈 벌고 구걸하고 아껴서. 집을 못 지을 이유는 수백 가지였지만 짓고 싶은 이유는 단 한 가지였거든.

[짓고 싶었으니까.]

남미 볼리비아에 학교를 지을 때? 당연히 무식 그 자체였지. 교육, 경영, 건축, 언어, 돈. 뭐 그런 거 다 없었으니까. 배운 적도 없고 배울 생각도 없었으니까. 그런데 100원씩 모아서 5억 원이 됐고 지금은 학교를 운영하고 있어. 어떻게 모을 수 있었겠어? 나중에는 결국 정기이체(하루 최대 이체 금액 330원)라는 꼼수를 쓰긴 했지만 결국 해냈지.

잘 들어. 100원으로 500,000,000원을 만든 거야.

나는 없는 게 진짜 많거든. 대학도 졸업 못 했고 키 165.6cm에 아이큐는 95밖에 안 돼. 토익, 토플, 인턴 경험, 유학 경험, 자격증 전부 없어. 그런데 난 이런 꿈을 꿔.

- 사회의 평가로는 아무것도 아닌 나란 놈이 세상을 바꾸는 그런 꿈
- 전 세계의 아이들이 교육이란 기본권을 보장받는 꿈
- 지구의 기아 문제를 해결하는 꿈
- 가까이는 아시아에 병원이 없는 마을에 작은 병원을 선물하는 꿈

여전히 내가 이 일을 하지 못할 이유는 수백 가지야. 아니, 이 꿈은 수천 가지의 못할 이유가 있어. 나도 알아. 그런데 말이야. 너에게는 얼토당토않은 소리처럼 들릴 수 있겠지만 난 할 거야.

왜냐면

하고 싶으니까!

너의 삶의 변화를 만드는 건 생각만으로,
기도만으로, 말만으로는 힘들어.
움직였으면 좋겠어. 정말 네가 하고 싶은 일이
'정말!' 네가 하고 싶은 일이라면 너무 걱정하지 말고 하자.

왜냐면 넌 그 일이 정말
[하고 싶을 테니까.]
[그럼 이루어질 테니까!]

러닝 Running
진심으로 도전하기

2013년 11월 1일

진짜 이런 일이?! 진짜 이런 일이 일어날 수 있을까요? '20만 원도 안 되는 중고 카메라로 찍은 사진으로 전시회를 할 수 있을까?'라고 꿈꿨었는데 한국에서 개인전을 일곱 번이나 했습니다.

'나의 꿈을 후원해 줄 사람이 있을까?'라는 희망은 후원자 2,000명 이상의 모집으로 실현되었네요.

'지구 반대편에 사는 한 가족에게 집을 선물하고 싶다.'라는 꿈은 '집 3채를 선물하다.'로 이뤄졌습니다.

'나도 대학에서 강연할 수 있을까?' 하고 기대했었는데 대학은 물론이고 방송과 각종 미디어에서도 강연 요청을 받고 있습니다.

'무일푼으로 세계를 여행할 수 있을까?' 하고 꿈꿨던 세계 여행은 벌써 4년하고도 2개월간 진행 중입니다.

진짜 이런 일이 일어날지는 몰랐어요. 아니, 사실 알았어요. **진심으로 꿈꿨으니까요. 그리고 행동하고 도전했으니까요.**

당신은 어떤 꿈을 꾸고 있나요?

저는 지금 학교를 꿈꾸고 있네요. 이것도 이루어질까요? 한번 지켜봅시다!

#나의_공_찾기 #가진_것에_집중하기 #하고_싶은_건_하고_살기

#꿈을_현실로_만들기 #진심으로_도전하기

사회의 평가로는 아무것도 아닌 나란 놈이 세상을 바꾸는 그런 꿈
전 세계의 아이들이 교육이란 기본권을 보장받는 꿈

지구의 기아 문제를 해결하는 꿈

가까이는 아시아에 병원이 없는 마을에 작은 병원을 선물하는 꿈

“저는 아이들을 돕길 원하고
더 나은 미래를 꿈꾸게 해주고 싶어요.”

- 올리스 -

Olith_올리스

코인트리 스리랑카 지부장

2011년부터 한영준 대표가 후원하던 스리랑카 아이
현재 코인트리 스리랑카 지부를 이끌고 있는 청년
가족과 지역 사회를 더 나은 방향으로 이끄는 리더

사람은 보는 만큼 꿈꾸게 되는 것 같아요. 열세 살에 한영준 대표님을 처음 만났어요. 그때 제가 다니던 학교는 열악했어요. 공책과 연필로 공부하는 것도 겨우 가능했지요. 그런 저에게 화니또(한영준 대표)는 새로운 세상을 보여줬어요.

아이패드.

"올리스, 이거 하는 방법 알려줄까?"

저는 고개를 끄떡이면서 아이패드만 바라보았던 기억이 나요.

지금 생각하면 놀라운 일이 아니겠지만, 당시(2011년) 스리랑카에 사는 열세 살 아이에게는 새로운 세상이자 더 나은 미래에 대한 열망이 생기는 순간이었어요.

그리고 1년 후, 다시 그를 만났을 때 이번에는 제가 질문했어요.

"나에게 수학과 영어를 가르쳐줄 수 있나요? 배우고 싶어요."

그때 이후 화니또는 우리 마을에 올 때마다 나의 선생님이 되어주었고, 지금까지 우리는 인연을 잘 이어가고 있어요.

#열세_살_올리스

#꽃거지_보다_키_커짐

#이제는_같이_일_하는_사이

안녕하세요. 아이들에게 배움을 선물하고 싶은

코인트리 스리랑카 지부장이자 학교 교장 올리스입니다.

스리랑카에는 벽도 없고 지붕도 뚫려서 비가 오면 공부를 할 수 없는 학교가 있어요. 그런 학교를 보면 돕고 싶은 마음이 늘 있었어요. 저의 어린 시절이 떠올랐기 때문이에요. 그 마음을 행동으로 옮긴 것은 학교를 만드는 일이 아니었어요. 친구들과 함께 돈을 모으고 아이들을 위한 책과 학용품을 사서 방문하는 일이었죠. 집으로 돌아오는 길에 한 사람이 떠올랐어요.

'화니또도 이런 마음이었겠구나. 도움을 줄 때 참 행복하구나.'

가슴이 벅차서 화니또에게 아이들을 돕는 사진을 보냈어요. 정말 열악한 환경의 학교를 방문했고, 저와 친구들은 이 학교를 지속적으로 돕고 싶다고 말했죠. 화니또는 매우 기뻐했어요. 너무 멋있다고 계속 말해줬어요. 그리고 우리가 이 학교를 도울 수 있도록 매달 지원해 준다고 했어요. 너무 든든했어요.

가난한 나라에 살면 알게 되는 것이 있어요. 배고프다는 것, 배우지 못한다는 것, 한계가 있다는 거예요. 그런데 저는 한 가지를 더 알고 있어요. **누군가 도와주면 배움을 지속할 수 있고, 삶이 달라질 수 있다는 거예요.**

저는 스리랑카에 더 나은 미래를 가져다주는 한 사람이 되고 싶어요. 그래서 코인트리에서 일하기로 했어요.

교육을 받을 수 없을 때는 가난이 **절망**이라 생각하지만,

교육을 받기 시작하면 가난의 방향은 바뀔 수 있어요.

"내가 더 나은 세상을 만들어야겠어."라는 **열망**으로 말이에요.

연결

저는 매우 가난한 환경에서 자랐어요.

그래서 우리 아이들을 더 깊이 이해하고 공감해 주며 성장시킬 수 있어요.

그 이유가 바로 저도 아이들처럼 가난해 봤고

절망을 열망으로 바꾸는 시간을 보냈기 때문이에요.

저는 모든 아이가 평등하게 배우고,

더 나은 미래를 꿈꿀 수 있도록 연결하는 사람이 되고 싶어요.

- 올리스 -

2014년 7월 16일 한영준의 기록

사실, 나 한 명이 바뀌면 세상이 바뀌는 게 아니라,

내 세상이 바뀌는 거다.

이건 해볼 만한 일이다.

캐치볼 Catch ball
꿈을 현실로 만들기

2021년 2월 1일

어릴 때 품었던 꿈은 거의 다 이루었다. 작지만 예쁜 학교를 운영하고 있고, 내 주변에는 좋은 동료들과 친구들로 가득하다. 사랑스러운 아내와 함께 정말 작은 것에도 감사함을 느끼며 살아가고, 가끔 아무 이유 없이 춤을 추고 서로에게 안긴다. 나를 닮은 아이와 하루 한 번 바닷가로 산책을 나간다. 내가 누리고 싶은 취미들도 다 누릴 수 있는 삶이다. 과분한 사랑을 받고 과분한 존경을 받는다. 월급만 과분하지 않을 뿐. (잉?)

나의 경험으로 볼 때, 꿈을 이루면 행복하다. 먼저는 그 꿈을 현실로 만들어가는 과정이 치열하지만 행복하고, 그 꿈을 이뤘을 때 행복하고, 그 꿈을 지켜나가는 (정말이다. 지켜야 한다. 무너지기 쉽다.) 지금도 행복하다. 그러니 꿈을 포기하지 말고 이뤄내기를 바란다. 포기하면 편하지만, **편한 것이 행복을 의미하지는 않음을 알았으면 좋겠다.**

그런데 꿈을 이루면 한 가지 명확한 단점이 생기기 쉽다. 바로 지금의 나처럼 이렇게 누가 물어본 것도 아닌데 내 생각을 기어이 주입하려고 하는 '꼰대의식'이 생길 수 있다는 것이다. 이 글이 딱 그런 느낌이다. "나는 꿈을 이루면 행복했다. 당신은 다를 수 있다. 그러니 당신의 마음이 가는 대로 살아도 된다."라고 이렇게 이야기를 할 수 있는 열린 사람이 되어야 하는데 나는 아무래도 좋은 교육자가 되기는 틀린 것 같다.

해피 마일리지 [+15]

캐치볼: 꿈을 현실로 만들기

〈코인트리의 드림볼 프로젝트〉

작은 성공부터 시작하라. 성공에 익숙해지면

무슨 목표든 할 수 있다는 자신감이 생긴다.

데일 카네기 *Dale Carnegie*

Q1. 마이볼: 나의 공은 무엇인가요? (25p 참고)

예) 무조건 행복하세요 책 만들기

Q2. 포커싱: 꿈을 잡기 위해 지금 할 수 있는 가장 작은 행동은 무엇인가요?

예) 한영준 대표에게 연락하기

Q3. 플레잉: 꿈을 잡기 위해 도움이 필요한 부분은 무엇인가요?

예) 만나서 인터뷰 하기, 3개국어 통역(스리랑카, 볼리비아, 멕시코)

Q4. 러닝: 함께 꿈꾸고 싶은 사람이 있나요?

예) 이 책을 읽는 당신

Q5. 캐치볼: 꿈을 이룬 나에게 해주고 싶은 말은 무엇인가요?

예) 대단하다. 해냈어! 정말 자랑스러워. 이 책은 사람을 살릴거야.

〈드림볼게임 시뮬레이션 만들기〉

자유롭게 단계를 줄이거나 더해도 좋습니다.

예) 세계 여행

2012년 4월 한영준의 기록

오늘은 스리랑카에서의 마지막 날
후원금과 내 용돈을 전부 털어 다섯 채의 농장과 집 한 채를 선물했다. 가방을 펼쳐놓고 아이들에게 가지고 싶은 것들을 가져가라고 했다. 마지막까지 "나는 자전거가 필요해!"라고 외치던 시골 마을 선생님을 위해 한국에 있던 자전거까지 팔아서 새 자전거를 선물해 주었다.
공항까지 가는 버스티켓을 끊어놓고 내 손에 남은 돈은 한국 돈으로 300원. 이제 내게 남은 것이 없다. 가방과 카메라를 합쳐봐야 5kg도 안 되는 내 소유.

여행자의 배낭 무게만큼이 삶의 짐이라고 했던가. 한결 가벼워진 가방이 싫지 않다. 그래, 얼마나 나눌 수 있는지 한번 해보자. 다 나눠주고 아무것도 안 남아도 행복할 수 있는지 한번 해보자.

여태 행복했잖아.

Real

진짜 리더의 메시지
BEST 4

1. 재밌게 살자

2. 믿어주자

3. 행복하자

4. 유산을 남기자

진짜를 만드는 리더

2014년 11월 25일 한영준의 기록

쉽게 얻으면 소중함을 알기가 쉽지 않다.
힘든 만큼 얻는 것도 크다.

노력한 만큼 얻을 수 없다면
두 배의 노력, 세 배의 노력을 하면 된다.

지금까지 수십 번 수백 번 죽도록 노력해 왔지만
난 여전히 살아있다.
안 죽는다.
어쭙잖은 힘든 핑계는 둘러대지 말자, 한영준.

진짜들이 욕한다.

재미 믿음 행복 유산

재밌게 살자 가끔 말고 매일

2018년 기록들

처음 집을 지어 선물했을 때의 감동을 잊을 수가 없다.
행복해서 눈물이 나올 지경이었다.

가지를 많이 냈더니 바람 잘 날이 없다.
이 바람이 잦아들면 수많은 가지에서 꽃이 피어날 테고
그 꽃 중에 어떤 것은 열매로 맺힐 것을 생각하니
오늘 좀 힘들고 고달파도 웃음이 나온다.
'열매를 따 먹을 수 있겠다.'라는 생각이 들기도 하지만
나무는 원래 열매를 먹을 목적으로 맺지 않는다.
그저 나무의 역할을 해낼 뿐이다.

선생님들이 모두 행복했으면 좋겠다. 아이들이 모두 행복했으면 좋겠다.
근데… **내가 제일 행복했으면 좋겠다.**

공부는 가끔 하고 매일 노는 학교, 이사장이 매일 놀 궁리만 하는 학교,

나중 말고 지금 행복해지자고 가르치는 학교.

이게 우리 학교라 참 자랑스럽다.

"용기 있는 삶을 살고 싶어요.
목소리를 낼 수 있는 용기, 행동할 수 있는 용기,
주변 사람에게 함께하자고 손 내밀 수 있는 용기."

- 홍선혜 -

꽃보라_홍선혜

코인트리 홍보 모금 팀장

NGO 홍보 모금 외길 인생

인복과 일복이 팡팡 터짐

SNS에서 한영준 A.I.(인공지능)라고 불릴 만큼 한영준 대표의 언어를 완벽하게 구사 코인트리 한국 지부장님이 운영하시는 카페가 있어요. 그 근처에 있는 국제구호단체에서 근무할 때, 커피를 마시러 갔다가 코인트리에 대해 알게 되었고, 후원 신청까지 하게 되었죠.

한영준 대표님과 코인트리에 대해 알아갈수록 같이 일하고 싶어졌어요. 제가 한영준 대표님을 두 번 정도 만났을 때 이런 이야기를 들었어요.

"우리 직원들이 먼저 행복해야 더 많은 행복을 나눌 수 있습니다. 홍선혜님은 행복하신가요?"

저는 '내가 애쓰고 노력하면 다른 사람이 행복 할 수 있어.'라고 생각해 왔어요. 9년 동안 다양한 국제구호단체에서 일하면서도 다른 사람의 행복을 위해 열심히 일해 왔어요. 그런데 내가 먼저 행복해야 행복을 나눌 수 있다니! 그 이야기를 들은 후 더 많은 행복을 나누기 위해서 내가 먼저 행복해야겠다고 다짐했어요.

내가 너무 행복해서 행복을 전하는 삶을 살고 싶어요.

코인트리와 함께 일하게 된 건 채용공고를 보고 지원서를 작성한 게 아니에요. 제가 먼저 제안했어요. '함께 일하면 정말 행복하겠다.'라는 생각을 했기 때문이에요.

코인트리와 일하고 싶었던 3가지 이유가 있어요.

첫째, 현장이 달라요.

대표와 사무국장이 현장에서 일하는 단체이자 후원금을 투명하게 잘 사용하는 단체예요. 100원이라는 돈이 현장에서 얼마나 가치 있는지 대표가 가장 잘 아는 단체라서 함께하고 싶었어요.

둘째, 이야기가 있어요.

후원자에게 함께 행복해지자고 이야기하는 곳이라니! 놀라웠어요. 돈으로 후원하는 것을 넘어 더 나은 세상을 만들기 위해 참여하고 있음을 느끼게 하는 단체라서 좋았어요.

셋째, 신뢰예요.

코인트리에서 가장 많이 듣는 말, 가장 많이 하는 말이 신뢰예요. 우리는 전 직원이 '아이들을 위해 최고의 역량을 발휘해서 일한다'는 믿음이 있어요. 그리고 후원자들이 함께할 것을 100% 믿고 있는 단체이니 학교와 병원을 지을 때도 흔들림이 없어요.

용기

저는 코인트리와 함께 만들고 싶은 세상이 있어요.

용기 있는 세상이에요.

코인트리가 꿈꾸는 목표를 실현해 가기 위해 더 용기 있게 살고 싶고요.

그리고 더 나은 세상을 만드는 목소리를 낼 수 있는 용기,

행동할 수 있는 용기,

주변 사람에게 함께하자고 손 내밀 수 있는 용기를 전하고 싶습니다.

그러면 아이들이 꿈꾸고 정의롭게 경쟁하고

나누는 세상이 될 거라 믿어요.

- 꽃보라(홍선혜) -

제가 코인트리에 와서 받은 첫 번째 미션이 있어요. 바로 꽃별칭을 정하는 것이었어요. 제 꽃별칭은 꽃보라예요. 흩날리는 꽃보라처럼 선한 영향력이 더 많은 사람에게 전해졌으면 좋겠다는 의미예요. 이 책을 읽는 분들도 꽃별칭을 만들어 보시면 좋겠어요.

≪무조건 행복하세요≫ 서평단 꽃별칭

꽃가온 꽃노래 꽃놀이 눈꽃 꽃누리 꽃나비 꽃바다

꽃사자 꽃동산 꽃반짝 꽃말 꽃숨

달맞이꽃 꽃님 꽃춤 꽃범 꽃씨엘 꽃비내림 꽃송이

꽃그림 꽃길 꽃처럼 꽃씨앗 꽃별 꽃사슴 꽃무리 꽃소란 꽃노을

꽃핀 꽃드림 꽃샘 꽃보다 꽃향기 꽃신 꽃대궐 꽃피는

꽃울림 꽃아미 꽃으로도 때리지 마라

꽃힐링 꽃뽀뽀 꽃들도 꽃집 꽃비 꽃얌얌이모 동백꽃

꽃닐리리야 꽃빛 꽃다운 꽃프리 누에꽃이 꽃빵

나의 꽃별칭 ______________ 으로 살아갈 때 매일 행복해질 거예요.

해피 마일리지 [+2]

재밌게 살자: 가끔 말고 매일

코인트리는 꽃별칭으로 자신의 정체성을 만듭니다.

Q. 나를 행복하게 하는 꽃별칭을 지어보세요. 그 별칭의 뜻은 무엇인가요?

예) 저의 꽃별칭은 꽃농부입니다.

후원자분들이 보내주신 소중한 후원금을 필요한 곳에 잘 심어서

좋은 나무로 자랄 수 있도록 가꾼다는 의미를 담았어요.

믿어주자 상황이 아닌 마음으로

2020년 7월 8일

“후안, 우리 아이가 아파. 도움이 필요해.”

다행히 후원자들이 보내준 돈이 있어서 바로 달려가 약을 전달하고 의사 선생님도 모셔올 수 있었다. 내가 현장에 있기에 가능한 일이고, 이런 위험한 일을 직원에게 시킬 수는 없다. 직원들이야말로 내가 지켜야 할 내 사람들이니까.

새벽 2시. 나는 피곤해서 침실로 간다. 아내는 오늘도 더 일하겠단다. 쌓여 있는 도네이션 박스만큼이나 해야 할 일도 산더미이다. 아내에게 미안하고, 참 고맙다.

우리가 하는 일은 개구리가 멀리뛰기 위해 몸을 웅츠리는 것처럼 잠깐의 웅츠림도 필요하단 걸 안다. 눈앞의 나무가 아니라 숲을 봐야 한다는 것도 안다. 100m 달리기가 아니라 42.195㎞ 마라톤이란 것도 안다. 알면 뭐 하나. 행동이 안 되는데…. '중2병'과 '허세'가 이렇게 무섭다.

9월 말에 한국에 갈 수 있는 티켓이 있다. 작년에 발권해 놓은 티켓이다. 계속해서 상황이 좋지 않으면 한국에 안 갈 거라고 부모님께도 회사에도 말했다. 엄마 아빠도 보고 싶고, 친구들도 보고 싶다. 아이를 맡기고, 아내랑 데이트도 하고 싶고, 한국 음식도 먹고 싶다. 이 글을 읽는 당신도 보고 싶고, 강연하면서 잘난 체도 하며 용돈도 벌고 싶다. 밀린 보톡스도 맞고, 찜질방에도 가고, 할매 할배 만나서 손주놀이도 하고 싶다.

내 마음이 바뀌든, 상황이 좋아지든 해서 한국에 갈 수 있게 되면 좋겠다.

나도 두렵다. 현장에서 감염될까 봐 두렵다. 이 시기에 현장에 다니면 개념없다는 소리를 들을까 봐 두렵다. 그렇다고 아프고 힘든 사람들이 부르는데 모른 척하며 지내는 삶을 생각하면 그것도 역시 두렵다.

자신에게 '한번 걸려봐야 정신 차리지'라고 말했다가 이내 '힘들 때 곁에 있어 줘야지!'라고 말하게 된다. 정답은 없다. 그냥 내가 모든 걸 책임지면 된다. "지켜야 할 가정이 있잖아요. 돌봐야 할 아가도 있잖아요." 백번 맞는 말인데 '지켜야 할 부모가 없는 아이들, 당장 치료가 필요한 아이들, 찬기 가득한 흙바닥에서 잠을 청하는 아이들도 누군가는 돌봐야 하는 것 아닌가' 하는 생각이 늘 이긴다.

중2병이, 허세라는 중병이, 관심병이 나를 가만두지 않는다.

"한 걸음을 내디뎠다.
수많은 사람이 함께 걸어주기 시작했다.
당신도 같이 걸어준다면
더 가볍고 힘차게 나아갈 수 있을 것이다."

- 전승연 -

꽃농부_전승연

코인트리 한국지부장

카페 알베르게 운영
씨앗을 심고 꽃이 피기까지의 시간처럼 느리지만 원하는 것을 이루는 능력이 있음
성공보다는 성장이 좋다고 생각함
오늘보다 조금 더 나은 내일을 만드는 것이 삶의 목표임

"형, 나랑 같이 일할래요?"

한영준 대표가 코인트리와 함께하자고 말했을 때 참 많은 고민을 했죠. 저는 코인트리 입사 이전에 대기업 직장 생활, 창업, IT 계열 기획 등 다양한 기업에서 일했어요.

기업은 내가 맡은 역할 안에서 수익 창출을 위한 목표를 설정하고 그 목표에 맞춰 운영하는 조직인데, 비영리단체는 후원금을 가장 필요한 곳에 소중하고 투명하게 사용하는 것이 중요하잖아요. 비영리 단체에 대한 경험이 없는 상태에서 개인적으로 책임감과 함께 부담감이 있었어요.

'내가 코인트리의 성장에 어떤 도움을 줄 수 있을까.'

잘 그려지지 않았습니다. 며칠의 고민 끝에 함께 일하기로 결정하면서 단 한 가지를 제안했어요.

신뢰

"제안할 것이 하나 있습니다. 신뢰를 바탕으로 일하기를 원합니다.
부족한 점이나 잘 모르는 부분이 있더라도
서로 믿고 함께 진행하면 좋겠습니다.
저도 코인트리를 믿고, 코인트리도 저를 믿는 거예요."

- 꽃농부(전승연) -

2019년 3월 7일 꽃농부 전승연의 기록

오랜만에 아침을 가볍게 맞이했다.
오늘은 볼리비아로 2주간 출장 가는 날이다.
내가 현재 일하는 코인트리는 작은 비영리단체인데
볼리비아에 학교를 짓고, 스리랑카에 교육 지원사업을 하고,
멕시코에 병원을 짓는다고 한다.

왜 그들은 멀고 먼 저곳까지 가서 학교를 지었을까?
내가 여기에서 무엇을 하고, 무엇을 얻을 수 있을까?
비영리단체에서 내가 할 수 있는 것은 무엇일까?

사람 일은 정말 한 치 앞도 알 수 없는 것 같다.
내가 비영리단체에서 일할 거라고는 생각해 본 적도 없다.
5대륙 중에 유일하게 가보지 못했던 남미를 이렇게 가게 될지도 몰랐다.
세 가지 확실한 건
요즘 하루하루를 굉장히 충실하게 보내고 있다는 점과
내 가족이 행복하다는 점
그리고 이 일은 좋은 일(the good)이라는 사실이다.

이제 코인트리와 함께한 지 3년 차에 접어들었어요. 그동안 후원금이 투명하고 소중하게 사용될 수 있도록 후원 시스템을 갖추게 되었습니다. 또한 코인트리만의 핵심 가치와 기업문화를 위해 〈일 잘하는 방법 11가지〉도 만들어 갈 수 있었습니다.

일 잘하는 방법 11가지

1. 우리는 회사가 아닌 아이들을 위해 일한다.
2. 1,000명의 한 걸음이 1명의 1,000걸음보다 강하다.
3. 신뢰, 배려, 상호 존중은 기본 of 기본이다.
4. 소통, 보고, 재정의 투명성은 핵심 of 핵심이다.
5. 업무의 자율성 위에 책임감이 존재한다.
6. 처음이라 모르는 것은 부끄러운 것이 아니다. 물어보고 알려주자.
7. 내가 한 번 더 고민하면 한 명이 더 밥을 먹고, 내가 한 번 더 움직이면 한 명이 더 살 수 있다.
8. 내 휴가는 내가 쓸 수 있는 권리이다.
9. 실행은 작고 빠르게, 결과는 창대하게!
10. 우리가 행복해야 행복을 나눌 수 있다. 행복해지자.
11. 우리의 가치보다 욕심이 커지면 기분 좋게 코인트리와 이별한다.

12.

해피 마일리지 [+3]

믿어주자: 상황이 아닌 마음으로

코인트리는 일 잘하는 방법 11가지로 행복한 비영리를 꿈꾸고 있어요.

이제 **12번째 일 잘하는 방법을 정해 주세요.**

댓글 등록순

꽃바라미

12. 누구나 위대한 일을 할 수 있다는 것을 일깨워준다.

꽃가온

12. 코인트리는 다 같이 손잡고 나아가는 사람 중에 손이 가장 따스한 사람이 리더다. 내가 리더가 되자.

꽃춤

12. 세상 모든 이의 꿈은 가치 있다. 함께 꿈을 꾸자.

"세상을 변화시킬 수 있는 힘은
사랑을 나누는 것이라 생각해요!"

- 로시오 -

Rocio_로시오

코인트리 멕시코 희망꽃학교 교장

코인트리가 멕시코에서 열심히 활동하도록, 아이들과 즐겁게 놀도록 서포트해 주심
긴급구호, 교육지원, 의료지원 모두 가능하도록 함께 뛰는 활동가

"로시오, 드디어 호세를 도울 사람을 찾았어!

그 사람의 이름은 한(한영준 대표)이야."

그 소식을 들었을 때 얼마나 기뻤는지 몰라요.

아주 오랜 시간, 그 아이를 도울 사람을 찾고 있었거든요. 도와주는 사람이 없어서 얼마나 마음이 아팠는지 몰라요.

호세는 투석 봉투가 없으면 생명이 위험한 아이였어요. 너무 돕고 싶었죠. 연락처를 받아서 한에게 곧바로 전화했어요.

"여보세요. 한, 저는 로시오라고 해요. 지금 당신의 도움이 너무나 필요한 호세라는 아이가 있어요."

저는 투석 봉투가 필요하다는 이야기를 전하고 전화를 끊었어요. 그 후 일어난 일은 놀라웠어요. 한과 루나(김경미 사무국장)의 도움은 투석 봉투를 긴급 지원해 주는 것으로 끝나지 않았어요.

직접 집으로 찾아가 호세를 위로했고 아이의 건강뿐만 아니라 가족 전체를 돕기로 했어요.

저도 한과 루나처럼 진정한 도움을 주는 사람으로 살고 싶었어요.

제 인생에 일어난 최고의 일을 나누고 싶어요. 저의 집에 행사(손자 야외 돌잔치)가 있었던 날이었어요. 함께 참여했던 한과 루나가 멀찍이 앉아 있던 여자 아이들을 발견하고 저에게 물었어요.

"로시오, 행사를 구경하던 아이들 있잖아요. 어디에 살고 있는지 알아요? 만나러 가야 할 것 같아요."

"네. 그 아이들은 화니따와 아나라는 아이예요. 같이 만나러 갈까요?"

집으로 찾아갔을 때 아이들이 가정형편이 좋지 못해 정규학교에 갈 수 없다는 것을 알게 되었어요.

며칠 후, 한은 이렇게 이야기했어요.

"우리 화니따와 아나를 위한 작은 학교를 지어요."

우리는 학교에 가지 못하는 아이들을 위한 작은 학교를 짓기 시작했어요. 그렇게 저는 코인트리 멕시코 희망꽃학교 교장이 되었어요.

도움

한과 루나 그리고 나는 태어난 나라는 달라요.

하지만 마음으로 한 가족이 되었어요.

세상을 변화시키는 힘은 사랑을 나누는 것이라 생각해요.

한 사람을 사랑하고 돕고자 하는 마음이 우리를 만나게 했어요.

- 로시오 -

THE TRUE

도움을 준다는 것은 순간의 필요를 채우는 것이 아니에요.

서로의 마음을 채우는 거예요.

- 로시오 -

행복하자
혼자 말고 함께

2020년 7월 8일

“잠깐이라도 돌아오는 것 생각해 봐. 이제 둘만 있는 것도 아니잖아.”

기어코 엄마가 한마디 하셨다.

예전에 자전거로 전국 일주를 할 때는 사타구니에 피와 진물이 난다고 해도 완주하라던 엄마셨는데 매번 들려오는 좋지 않은 소식에 마음이 아프신가 보다. 이제 멕시코에 확진자가 26만 8천 명이 넘었고 매일 신규 환자만 평균 5천 명 이상이다. 내 주변에도 5명이나 감염되었다. 심지어 지난주 금요일에 우리와 접촉했던 부모님이다.

이미 이곳의 다른 외국 비영리단체들에 소속된 사람들은 본국으로 돌아갔다. 나도 이번 주 화요일인 오늘에야 지난주에 내가 확진자와 접촉했다는 걸 알게 됐다. 외부 접촉이 없었던 지난주 금요일 기준으로 2주간 자가격리 중이다. 단, 집에만 있을 순 없다. 환자들을 돌봐야 한다.

병원에 가지 못하는 우리 주민들을 위해 해열제와 식료품 등을 주민의 집 앞에 놔두고 오는 방식이다.

사실 무섭기도 하다. 아이에게 전염될까 봐 무섭고, 이 나라의 의료 시스템과 국가 시스템을 보면 전망도 밝지가 않다. 아마 내가 아닌 우리 직원이 이 현장에 있었다면 난 당연히 직원 모두를 귀국시켰을 것이다.

근데 나는, 내 아내는 그게 안 된다. 개똥 같은 생각이다. 힘들 때 나 몰라라 하며 나 혼자만 살겠다고 도망치는 것 같아서 그게 잘 안 된다. 한국에 가서 모금 활동을 더 해서 돈도 더 많이 모으고, 영향력도 더 키워서 나중에 더 많은 걸 해줄 수도 있을 텐데….

나는 아직 멀리 바라보는 그런 지혜로운 사람은 아닌 것 같다.

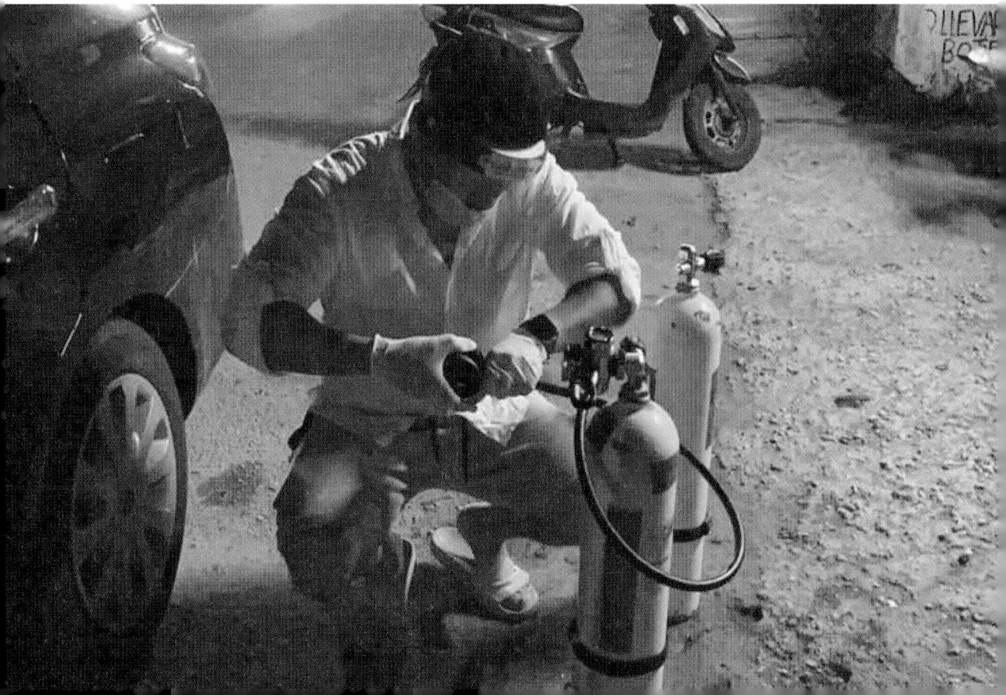

유산을 남기자
가짜가 아닌 진짜를

영준이가 영준이에게

영준아, 오늘은 너에게 몇 가지 조언을 해주고 싶어서 고민 끝에 이렇게 펜을 들었어. 잔소리 같을 수 있겠지만 그리고 내 생각이 분명 네 생각과는 다를 테고, 내 생각이 틀릴 수도 있겠지만 한 번쯤 네가 생각해 주었으면 해. 그리고 하나는 꼭 알아주길 바란다. 세상 그 누구보다 난 널 사랑한단다.

첫째, 좀 더 겸손해졌으면 해. 알아, 네가 말하는 겸손은 자신을 낮추는 것보다 남을 높이는 것이라는 걸. 하지만 요즘 너를 보면 남보다 네 자신을 높이는 게 많이 보여. 내가 지켜본 넌 어린아이 앞에서 무릎을 꿇고 눈을 맞출 줄 아는 사람이었어. 가난한 사람을 존대해 주려 했고, 낮은 사람을 높여주려고 노력했어.

알아, 네가 높아지고 성공해야만 더 많은 사람을 섬기고 더 많은 것을 나눌 수 있다는 걸. 하지만 내가 아는 너는 더 많이 나누고 싶어서 나눔을 시작한 게 아니었어. 적어도 내가 아는 너는, 네가 가진 것 중에서 작은 거라도 나누려는 마음, 그 마음이 컸던 사람이야. 잊지 말자. 지금 네가 사랑받고 사랑할 수 있게 된 이유는 너 자신의 능력도 있겠지만 네가 사랑하고 널 사랑해 주는 사람들 덕분이란 걸.

둘째, 욕심을 조금 버리자. 알아, 네가 얼마나 욕심이 많은 사람인지. 그리고 네 말대로 넌 그러한 욕심을 채우고 가질 수 있는 능력과 자격이 충분히 있다고 생각해. 하지만 말이야. 우리는 여행을 통해 배웠잖아. 네 가방의 무게는 네 삶의 무게와 동일하다는 걸. 네 말대로 더 신나게 뛰고 춤추려면 가방을 비울 필요가 있어. 여전히 넌 가방 하나에 네 삶을 다 담을 수 있어. 내가 알아. 삶을 좀 더 가볍게 살길 바라. 하지만 생각과 입의 무게만은 지금처럼 아니 지금보다 조금만 더 무겁게 늘리자. 잘해 왔고, 잘해 나갈 수 있어. 내가 알아.

셋째, 사랑을 챙기자. 무엇보다 사랑이야. 네가 존재하는 이유도 마찬가지고. 네가 사랑하는 사람들을 챙기렴. 특히 네 아내를 더욱 친절하게 대하고 더욱 배려해 주면 좋겠어. 너의 모든 걸 다 주어도 아깝지 않을 사람이니까. 그런 사랑이니까. 그리고 가족과 친구들을 섬기자. 꼭 금전이나 물질로 섬길 필요는 없어. 그 누구보다 네가 행복하길 바라는 사람들일 테니까. 그들을 위해 더 많이 웃고, 더 많이 행복해하는 네 모습을 그들에게 꼭 보여주고 표현하자.

넷째, 조금 더 힘들 각오를 하자. 알아, 그동안 힘들었다는 거. 알아, 지금도 힘들다는 거. 하지만 너도 알 거라고 믿어. 아픈 사람이 아픈 사람을 위로할 수 있다는 걸. 적어도 이해할 수 있다는 걸. 쉬운 길과 어려운 길이 있을 때는 과감히 어려운 길을 택하자. 그리고 사람들에게 말해 주렴. "이 길은 참 힘들었어요. 그래도 혹시 이 길로 오실 거면 제가 새겨 놓은 발자국을 보세요. 특히 힘들었던 곳엔 표시도 해놓았으니 너무 두려워 말고 이 길도 선택해 보세요!"라고. 그럼에도 건강을 잃지는 않았으면 해. 너를 위해, 사랑하는 사람들을 위해.

다섯째, 신을 알자. 믿으라고 강요는 하지 않을게. 하지만 신의 섭리와 신의 마음을 이해해 보려고 노력했으면 해. 좀 더 널 정의롭고 정직하게 해줄 거야. 시간을 내어 신 앞에 서는 연습을 해보자. 그리고 신에게 묻자. 네가 잘 살고 있는지, 어떻게 살아야 하는지. 어차피 네가 선택할 거란 걸 알고 있지만, 꼭 물어보렴. 너의 생각의 깊이가 조금 더 깊어질 거야. 조금 더 마음이 편안해질 수도 있을 거야. 그 대신 신의 구원을 구하지는 말길 바라. 항상 신의 사랑을 구하자. 그리고 그 사랑을 나누자.

영준아, 수고했다고 말해 주고 싶어. 잘했다고도 말해 주고 싶어. 수고했어, 잘했어, 정말 그랬어. 그럼에도 미안하게 이런 조언, 이런 부탁을 하는 나를 조금은 이해해 주길 바라. 네 마음속의 이야기이니까.

#세상_그_누구보다_난_널_사랑해
#수고했어_잘했어
#내가_생각해도_난_너무_잘생겼어

절대 어제를 후회하지 마라.

인생은 오늘의 내 안에 있고, 내일은 스스로 만드는 것이다.

L. 론 허바드 *L. Ron Hubbard*

예) 리얼 라이프 서약서

나는 재밌게 살기 위해서 가끔 말고 매일

나를 기쁘게 하는 순간을 기록하겠습니다.

나는 마음으로 살기 위해서

나에게 먼저 솔직할 수 있는 감정을 허락하겠습니다.

나는 행복한 삶을 위해서 혼자가 아닌

지금 내 곁에 있는 사람들과 함께하겠습니다.

나는 가짜가 아닌 진짜

진실하게 표현하는 삶을 유산으로 남기겠습니다.

〈코인트리가 제안하는 리얼 라이프 서약서〉

첫째, 나는 재밌게 살기 위해서 가끔 말고 매일

______________________________ 을(를) 하겠습니다.

둘째, 나는 마음으로 살기 위해서

______________________________ 의 감정을 허락하겠습니다.

셋째, 나는 행복한 삶을 위해서 혼자가 아닌

______________________________ 와(과) 함께 하겠습니다.

넷째, 나는 가짜가 아닌 진짜

______________________________ 삶을 유산으로 남기겠습니다.

Enjoy

WHERE

HOW

무조건 행복하기 위한 3가지 질문

1. How: 어떻게 행복할 수 있을까
2. Where: 어디서 행복할 수 있을까
3. When: 언제 행복할 수 있을까

WHEN

무조건 행복하세요

How Where When

How
어떻게 행복할 수 있을까

2014년 11월 15일

혼자 '열.폭.'해서 쓰는 글

우리 뽀꼬뽀꼬 아이들을 불쌍하다고 여기는 이들이 있다. 오늘은 그들에게 지껄여 본다.

우리 아이들은 가난하다. 유엔 기준으로 하면 대부분이 최극빈곤층에 속해 있다. 작은 질병에 죽기도 한다. 대부분 영양 부족으로 힘들어한다.

하지만 당신이 꼭 알고 있어야 할 것이 있다. 우리 아이들은 어린 나이에도 건축의 기초를 이해하고 있다. 7~8세면 요리도 잘한다. 손재주는 얼마나 뛰어난지, 보여주기만 하면 그려내고 만들어낸다. 해발 2,300m에서도 절대 지치지 않는 체력을 가지고 있고, 동물들을 정말 잘 다룬다. 농사에 대한 이해가 빠르고, 어릴 적부터 가족을 잘 돕고 형제간의 우애도 각별하다. 자신의 토착어인 케추아어뿐 아니라 스페인어도 꽤 잘한다. (기본 2개 국어를 한다는 말이다.) 그리고 그 어떤 나라, 어떤 마을의 아이들보다 순수하고, 순박하며, 많이 웃고, 자신의 작은 것이라도 나눠줄 줄 아는 착한 아이들이다.

그들은 자살을 하지 않는다.
그들은 이익 관계 때문에 이웃에게 등을 돌리지 않는다.
그들은 부당거래도 하지 않는다.
동네에는 경찰도 없다.
경찰이 필요 없기 때문이다.

그들을 동정하지 않기를 바란다. 당신들의 동정을 받을 만큼, 뽀꼬뽀꼬 주민들과 아이들은 게으르지도 불쌍하지도 않다. 우리 아이들은 사랑받아야 할 아이들이다. 꿈과 희망을 가져야 할 아이들이다. 희망꽃학교는 불쌍한 아이들을 도울 생각이 없다.

희망꽃학교는 꿈을 꿔야 할 아이들에게 꿈꾸는 법을 가르칠 것이다. 그리고 희망꽃학교는 꿈꾸는 아이들에게 사랑과 관심과 응원을 보낼 것이다. 아이들이 불쌍해서 주는 돈은 10억 원이라도, 1,000억 원이라도, 아니 단돈 100원이라도 필요 없다. 아이들을 사랑하는 마음으로 후원(?!) 아니, 본인의 것을 조금 더 나누길 바란다. 정말 불쌍한 마음이 든다면, (내가 불쌍한 놈이니까) 차라리 날 불쌍하게 여겨줘라.
난 이 아이들보다 순수하지 못하고, 게으르며, 솔직하지도 못하니까.

"편견을 멈추고 마음을 나눌 때
우리는 행복할 수 있다."

- 애나리 -

애나리
코인트리 실제적인 경영 지원자

볼리비아 희망꽃학교 및 멕시코 방문
한영준 대표가 존경하는 경영자

저는 차별이 얼마나 힘든 것인지 알아요. 9살에 아르헨티나로 이민을 가게 되었어요. 그때부터 인종차별을 경험했어요. 울고, 또 울고 어떻게 적응해야 할 지 모를 때 한국에 계시던 국민학교 선생님이 저에게 편지를 보내주셨어요. "너는 대한민국의 어린이로서 어떤 일이 있어도 잘 살 거야. 웃으면서 살아가자. 응원한다."라는 내용이었죠. 그 편지 덕분에, 놀림 받고 힘들었던 시절에도 용기를 가지고 살아갈 수 있었어요.

미경이에게!

자그마한 두 주먹을 불끈 쥐고 체구에 어울리지도 않게 우렁찬 큰 소리로 테이블을 붙잡고 부르짖던 꼬마 연사 아니 연사라기보다는 꼬집어 주고 싶도록 깜찍한 모습이었기에 이렇게 눈에 삼삼거리는가 보다.

고국의 하늘엔 봄의 향기가 피어오르고 봄을 알리는 가랑비가 며칠 동안 계절의 바뀜을 알리는데….

꼬마 아가씨야. 지금은 이국의 하늘 밑에서 조국을 그리고 또 선생님도 조금씩 생각하겠지.

색다른 환경. 상상조차 하지 못한 풍습에 때론 서글프고 때론 우습기도 하겠지? 아마 지금쯤은 향수를 달래느라고 몹시도 안달하겠지만….

미경아, 사람이 태어나서 조그마한 지역에서 살아가는 것보다 세계를 내 품에 안고 경험을 쌓는다는 것. 얼마나 값어치 있는 일이니?

단단한 껍질일수록 그 껍질을 뚫고 나오려고 하면 아픔은 더 크다고 하더구나. 내일의 밝은 영광을 위해서 지금의 고통을 참아 가노라면 훗날엔 지금도 그리운 추억이 될 게다.

그러나 미경아, 우리는 어디까지나 단군의 자손임을 잊지 말아라.

비록 조그마한 땅 덩어리에 지금은 못 살고 있지만 우리에겐 밝은 내일이 있고 순수한 단군의 피가 흐르고 있단다. 자부심과 긍지를 가지고 모든 일에 임하거라.

여긴 18일에 졸업식을 했단다. 그리고 봄도 오는지 거리의 옷차림이 한결 가볍구나. 그럼 미경아, 특히 건강에 주의하고 엄마 아빠께도 안부 전해 줘.

김치를 먹고 싶다고 했지.

오늘 아침 김치를 보니 목이 메인다.

혹여나 이 편지에 김치 맛이 배었을지 모르겠구나.

굳세게 그리고 웃으면서 살아가자.

그럼 안녕. 소식 자주 전해 줘.

1976년 2월 21일 선생님으로부터.

이 편지를 써주신 선생님의 마음 덕분에 저도 잘 성장할 수 있었고, 저도 언젠가 선생님의 마음을 누군가에게 전해 주면서 살고 싶다고 생각했어요. 그런데 어느 날 아는 동생을 통해 영준이와 경미를 소개받게 되었어요. 그들은 볼리비아에 학교를 세웠고 어려운 환경에 있는 아이들에게 교육을 지원해 주고 있다고 했어요.

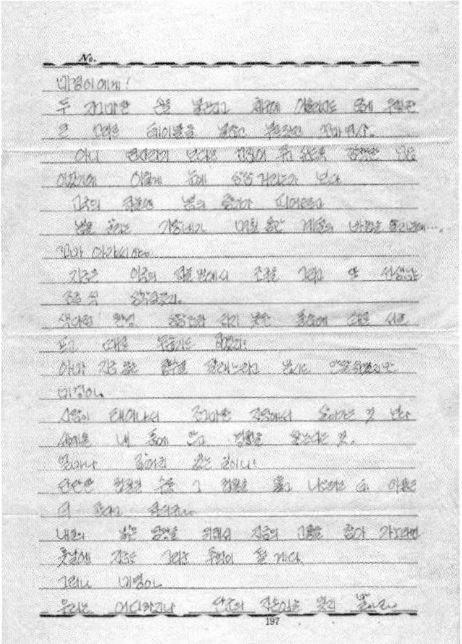

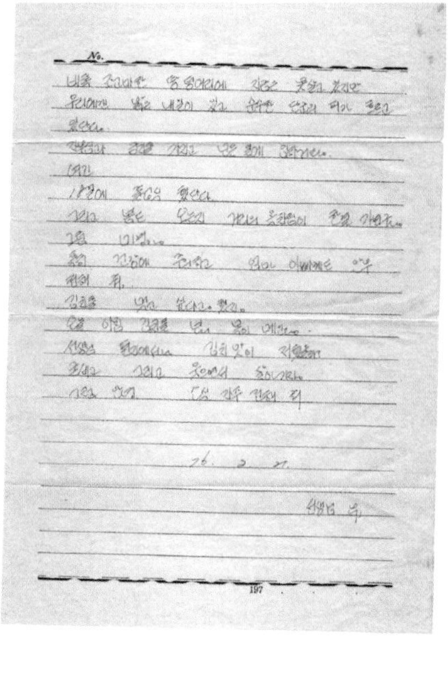

선생님 편지 원문

‘정말 학교를 세웠을까?’

‘어떻게 생긴 곳일까?’

‘언어도 안 통했을 텐데 정말 가능한 일인가?’

너무 궁금했어요.

그리고 두 사람의 초대로 볼리비아에 가게 되었어요. 흙길과 돌길을 따라 몇 시간을 이동한 후 볼리비아의 한 마을 뽀꼬뽀꼬에 도착했어요. 진짜 시골이더라고요. 차에서 내려서 희망꽃학교가 어디인지 물었어요.

“아, 저기예요.”

“저기?”

영준이의 손가락이 가리키는 곳에서 아이 수십 명이 뛰어오고 있었어요. 오자마자 “화니또” 하면서 영준의 팔과 얼굴에 매달리고 경미에게 안기는데 정말 행복해 보였어요.

‘아 그동안 들었던 말이 이걸 이야기한 거구나.’

그 한 장면으로 이곳에 오기까지 궁금했던 모든 것이 다 설명되었어요.

제가 아홉 살에 받은 편지의 힘을 영준이와 경미는 삶으로 기록하고 있었어요. 아이들에게 ‘함께’의 힘을 주고 있었어요.

7

PIONEROS

볼리비아 희망꽃학교에 도착해서 제가 한 일은 현지의 선생님들 한 분 한 분을 만나 필요한 것을 물어봐 주는 거였어요. 스페인어가 가능하니까 할 수 있었어요. 그런 거 있잖아요. 말이 다 통하면 하고 싶은 이야기를 마음껏 할 수 있는 거. 그래서 이것저것 물어봤어요. 얼마나 힘들었는지, 어떤 필요함이 있는지, 나한테 다 말해도 된다고 말했어요. 그랬더니 이렇게 말하는 거예요.

"행복해요."

그리고 아이들이 얼마나 사랑스러운지, 학교에서 어떤 즐거운 일이 있었는지에 대해 말해줬어요. 볼리비아에서 만난 선생님들은 물질이 아니라 관계에서 진짜 행복을 느끼고 있었어요. 학교에서 일하는 것에 대해서 굉장히 만족해하고요.

대화를 나눌수록 아이들에게 더 좋은 교육을 해주려는 선생님들의 열정도 느낄 수 있었어요.

영준이와 경미는 아이들을 불쌍하다는 동정심으로 바라보는 게 아니었어요. 아이들과 함께 행복을 나누며 생활했어요. 행복을 소유한다는 것은 함께 하는 기쁨을 아는 것 아닐까요? 볼리비아 희망꽃학교는 저에게 진짜 행복은 관계임을 가르쳐줬어요.

함께

주는 사람도 받는 사람도 행복한 나눔을 할 수 있다면 얼마나 좋을까요?

우리는 그들이 불쌍해서 나누는 게 아니에요. 나누는 것이 행복해서.

내가 행복해서 나누는 거예요.

- 애나리 -

해피 마일리지 [+15]

How: 어떻게 행복할 수 있을까

> **사람들은 달에 갈 생각만 하느라 자기 발밑에 핀 꽃을 보지 못한다.**
>
> 알베르트 슈바이처 *Albert Schweitzer*

〈코인트리의 행복 Ctrl + C, Ctrl + V 프로젝트〉

[Ctrl + C]

Q1. 나는 언제, 어떤 상황일 때 행복하다고 느끼나요?

(어린 시절 가장 행복했을 때 or 최근 가장 행복했을 때)

[Ctrl + V]

Q2. 그 행복을 함께 하고 싶은 사람은 누구인가요?

[Ctrl + C, Ctrl + V]

Q3. 나의 행복에 당신을 초대합니다.

"이 초대장은 행복에서 시작되었습니다.
행복을 함께하고 싶은 사람에게 초대장을 전달하세요.
놀라운 기적이 찾아올 것입니다."

To. 나와 함께 행복할 ____________________ 에게

나는 ________________________________ 때 행복해.

이 행복을 너와 함께 하고 싶어.

From. 당신과 함께 행복하고 싶은 ________________

Where
어디서 행복할 수 있을까

2015년 8월 17일

구명정이 되어보자.

나는 작은 뗏목 하나를 타고 있었다. 물에 빠진 사람을 겨우 구해 뗏목에 태웠다. 이제는 양쪽으로 노를 저으며 항해할 수 있었다. 그렇게 바다를 누비며 물에 빠진 사람을 구했다.

뗏목은 작아졌고, 사람들의 도움을 받아 작은 배를 만들었다. 그리고 또 물에 빠진 사람들을 구하며 바다를 누볐다. 그렇게 하나둘 사람을 구했다. 결국 꽤 큰 배를 만들었다. 배에는 이제 화장실도 생겼고, 침실도 생겼고, 주방도 생겼다. 이제 본격적으로 사람을 구할 수 있었다. 이제는 혼자가 아니었다. 요리사도 있었고, 항해사도 생겼고, 부선장도 생겼다. 그러자 문제가 생겨나기 시작했다. 우리는 얕고 좁은 곳은 갈 수가 없었다.

요리사, 항해사, 부선장의 가족이 있기에 태풍이 오는 날에는 항구에 머물렀다. 그래도 뗏목 때보다는 훨씬 많은 사람을 구할 수 있었다.

어느 날 호화 유람선이 우리를 초대했다. 우리처럼 구명정으로 시작한 배는 수많은 사람을 살렸고, 그 소문은 엄청난 유람선을 만들 수 있는 후원으로 이어졌다. 배에는 오케스트라 음악이 매일 흘러나왔고, 헬스장, 수영장, 연회장, 미술관 등도 있었다. 그들은 늘 행복하다고 했다. 하지만 그들의 배는 너무 컸다. 너무 높았다. 너무너무 커서 배 아래에서 소리치는 물에 빠진 사람의 소리를 들을 수 없었다.

모든 배는 그 만든 목적이 있다. 코인트리는 어떤 배가 되고 싶은 걸까? 나는 우리 배가 호화 유람선이 되지 않길 바란다. 많은 구명정 중의 하나이길 바란다. 많은 구명정을 만들어내는 배가 되길 바란다.

"사람의 몸뿐만 아니라
마음도 치유되는 보건소가 되길 소망합니다."

- 공윤수 -

공윤수
코인트리 이사

미보치과 원장
20년 동안 NGO 단체 및 병원을 통한 선한 영향력을 전하는 중
코인트리가 빨리 가는 단체가 아닌 오래가는 단체가 되기를 응원하고 돕는 사람

저는 10년 동안 해외에서 선교사로 활동했고요. 지금은 NGO 단체, 교회 선교단체를 운영하면서 국내외 의료 약자들을 돌보는 사역을 20년 동안 하고 있어요. 교육 사업을 넘어 병원 설립을 목표로 하고 있는 코인트리와 비전을 공유하고 함께하는 삶이 참 기쁘고 감사합니다.

코인트리는 저에게 귀한 공동체이기에 두 가지 당부를 자주 해요.

첫째는 '안전'과 '건강'이 가장 중요하다고 늘 말해요. 현지에서 활동하면서 자신이 안전하고 건강한 것이 가장 중요하거든요.

그리고 둘째는 '오래갈 수 있도록' 결정하라는 거예요. 코로나19로 인해 멕시코에도 확진자가 급속도로 증가했을 때, 한영준 대표와 김경미 사무국장은 귀국을 미루고 현지 구호활동에 더 힘쓰고 있었어요. 저는 곧바로 긴급 이사회를 열어, 한영준 대표가 비행기 표를 끊는 것까지 확인할 정도로 한국에 귀국할 것을 재촉했어요. 자신과 자신의 가정을 먼저 지켜야 오래도록 돕는 삶을 살 수 있다는 것을 알고 있었기에 긴급하게 들어오라는 말을 할 수밖에 없었어요. 코인트리에서 저의 역할은 꾸중을 하기도 하고, 달래기도 하는 선배인 거 같아요. 1990년도부터 현지 활동과 NGO 단체 운영을 해보면서 빨리 가는 단체가 아닌 오래가는 단체가 되는 것이 중요하다는 걸 알았기 때문이에요.

현지의 상황을 보는 활동가는 그곳에서 당장 해야 할 일이 보이지만, 전체를 책임지는 코인트리의 대표는 한국에 들어와서 장기적인 계획과 위기대처 방법을 모색해야 단단한 단체로 오래갈 수 있다고 확신했거든요.

한영준 대표가 혼자 책임지려는 모습을 볼 때면 걱정스러운 마음에 조언을 아끼지 않게 됩니다. 아마도 저의 젊은 시절이 생각나서 그런가 봐요.

곧 멕시코 보건소 설립이 확정되고 나면 현지로 가서 전문적인 운영과 의료물품을 채울 예정이에요. 멕시코 보건소도 단순한 건물이 아닌 멕시코 아이들에게 실질적으로 도움을 주는 공간이 되도록 함께하고 싶습니다.

오랫동안

참 좋으신 하나님, 감사합니다.

한영준 대표를 통하여 코인트리를 시작하셨고,

그 시간이 벌써 11년이 지나서 많은 사람에게 사랑을 나누며

그곳에서 귀한 열매를 맺을 수 있도록 하여 주심을 감사합니다.

앞으로의 시간에도 주님께서 함께하여 주시고,

코인트리를 통하여 이룰 수 있는 일들을 기대하며, 고대합니다.

- 공윤수 -

When
언제 행복할 수 있을까

2015년 8월 17일

그냥 이건 일기다.

일요일이면 경전을 읽거나 설교를 듣는다. 다행히 인터넷의 발달로 유명한 설교자들의 말씀을 쉽게 들을 수 있어서 행복하다. 스님들의 말씀부터 시작해서 목사님, 신부님, 유명한 작가님들의 말씀도 찾아 듣고 있다. 참 행복하다. 그리고 꼴에 기도도 한다. 나를 위한 기도는 안 하려고 한다. 좀 치사한 것 같아서.

어찌 됐든 내가 하려는 말은 이번 주 일요일에 있었던 일이다. 아내와 함께 길거리 아이들을 만나러 갔다. 평소에도 워낙 내가 잘해 주지만 일요일이니까 더 잘해 주고 싶은 마음에 아이들이 파는 물건을 사주기도 하고, 같이 놀고, 사진도 찍으며 행복한 시간을 보냈다. (물론 아이들보다 내가 더 행복해했다.)

점심시간이 되어 오랜만에 현지 시장에서 외식을 하려 하는데 평소에 내가 좋아하는 여자아이 두 명이 밥을 먹으러 온 것을 발견했다. 내가 사줘도 되지만 (그래 봐야 비싼 메뉴가 1,500~2,000원이다.) 난 무작정 퍼주는 건 싫어하기에 5:5 밥값을 내기로 하고 두 명을 초대해서 같이 식사를 했다. 난 또 착한 척의 대가이기 때문에 내 고기도 아이들에게 더 주고, 주접과 유머를 섞어가며 아이들 밥이 입으로 넘어가는지 코로 넘어가는지 모르게 웃겨주었다.

문제는 계산할 때 일어났다. 아이들이 갑자기 돌변하여 밥값을 다 내달라는 것이다.

헐. 그럴 수 없는 법.

아이들과 협상에 들어갔고 결국 한 아이는 자신이 파는 5볼리비아노짜리 팔찌를 밥값으로 내고, 한 아이는 죽어도 돈이 없다며 (있는 거 내가 다 봤음) 5볼리비아노가 아닌 2볼리비아노만 주겠다는 것.

젠장. 실랑이 끝에 어쩔 수 없이 그렇게 하고 나왔다. 아이들이 준 돈으로는 음료수를 사주려고 했는데 괘씸해서 안 사주었다. 다시 광장에 나와 아이들과 뛰어놀다가 이제 시간이 다 되어 다른 곳으로 가려고 하자 아이들이 나를 붙잡고 말했다.

"5볼리비아노만 더 주세요!"

당연히 안 된다고 했다. 까짓 800원 남짓 돈이지만 이렇게 주면 습관이 되니까. 당연히 거부했다.

근데 이것들. 손을 잡고 놔주질 않는다. 계속 떼를 쓴다.

내가 말했다.

"오늘! 내가 물건 사줬지? 이거 필요 없는 물건인데 사준 거야. 그리고 내가 오늘 밥도 사줬지? 같이 놀아줬지? 매일 매일 물건 하나씩 사주는 것도 모자라 이렇게 돈까지 달라고 하면 이제부터 화낼 거야!"

난 워낙 성인군자 코스프레가 습관이 되어 차근차근 알아듣게 설명을 해줬는데도 답이 안 나온다.

결국 인상을 쓰고 "No!!!" 라고 대답하자 아이들이 욕을 하며 돌아선다. 몇 달 동안 시간 될 때마다 광장에 놀러 가 마술쇼도 보여주고, 같이 구걸도 해주고, 사진도 찍어주고, 물건도 사주고, 안아주고, 업어주고, 선물도 많이 줬건만 돌아오는 건 원망이다.

그런데 그 아이의 모습 속에 나를 돌아보았다.

신이 나에게 주신 선물들이 떠올랐다.

건강, 좋은 부모, 대한민국이라는 국적, 좋은 친구들, 좋은 옷, 좋은 카메라, 좋은 노트북, 좋은 아내 그 밖의 좋은 환경들…. 이 모든 것을 주었음에도 늘 더 좋은 것들을 주길 바라는 내 욕심.

- 가끔 이러한 시련이 왔을 때
- 누군가 배신했을 때
- 여러 가지 결핍이 한꺼번에 닥쳤을 때

나도 신을 원망하며 욕하지 않았던가.

신은 얼마나 나에게 정이 떨어졌을까.

아니겠지. 신이니까….

모르겠다. 아이들의 모습 속에서 더 악랄하고 더 교활하고 더 염치없는 내 모습을 보았다.

그래도 어제오늘 다시 아이들을 만나러 갔다. 또 안기고 또 떼쓰고 또 욕하는 아이들이지만 그래도 보고 싶은 걸 보면 신의 마음을 조금은 알 것 같기도 하다. 여하튼 늘 행복하고 좋은 일들만 이야기하고 싶었는데 이러한 면도 공개해야 할 것 같다.

현장은 늘 낭만적이지만은 않다.

아니. 사실은 늘 비극으로 가득 차 있다.

해피 마일리지 [+3]

When: 언제 행복할 수 있을까?

Q1. 현재, 나의 낭만적이지 않은 현실은 무엇인가요?

예) 아이들에게 밥도 사줬는데 돈도 달라고 하는 상황

Q2. 나에게 신이 준 선물은 무엇인가요?

예) 건강, 좋은 부모, 좋은 친구, 좋은 카메라, 좋은 노트북, 좋은 아내, 그 밖에 좋은 환경 등

#그래도_네가_좋아
#또_보고_싶어
#또_만나러_갈게

코인트리 대표, 꽃거지 한영준의 약속입니다.

1. 빈곤 포르노에 동참하지 않겠습니다.
2. 아이들과 주민들의 인권을 더욱더 존중하겠습니다.
3. 그러나 아이들과 주민들의 행복보다 직원들과 식구들의 행복을 더 우선 하겠습니다. (저희가 행복해야 행복을 나눌 수 있습니다.)
4. 재정을 더욱 투명하게 공개하겠습니다.
5. 대자본과 기업, 방송 등 언론, 안티에 휘둘리지 않겠습니다.
6. 더욱더 가깝게 소통하겠습니다.
7. 기본 복지를 넘어 자립까지를 목표로 나누겠습니다.
8. 실수와 실패를 감추지 않겠습니다.
9. 즐겁게 하겠습니다.
10. **무조건 행복하게 하겠습니다.**

활동 현장에서 비영리단체의 실무자들이

행복해 보이지 않는 모습을 많이 보았다.

행복하지 않은 사람이 어떻게 행복을 나눈단 말인가!

그래서 우리는 무조건 행복해지기로 했다.

- 꽃거지 한영준 -

2020년 3월 11일 꽃지기 김경미의 기록

오늘따라 아이들의 눈이 더 반짝이고 웃는 모습이 더 사랑스럽다.

각자가 소중한 존재라는 것을 느끼고,

서로 사랑하고 나누며 미래를 계속 꿈꾸길….

꽃지기의 편지

To. 알다나 (볼리비아)

귀여운 알다나! 너의 시력 검사를 위해 도시의 병원까지 함께 다녀온 후로 많이 친해졌지. 꽃거지 교장선생님께 꿀밤을 때리기도 하고, 팔뚝에 매달리기도 하는 장.난.꾸.러.기.

그래도 너의 환한 미소를 보면 하루의 피로가 풀리는 것 같았어. 그때도 지금도 꾸준히 희망꽃학교에서 공부하는 모습을 보면 정말 기특해!

To. 신티아 (볼리비아)

2014년, 언니 오빠들로 가득한 볼리비아 기숙사에서 너를 처음 만났어.
너는 작고 말랐지만, 당당하고 할 일을 척척 해냈지.
영양사인 엄마를 도와 음식 준비부터 설거지까지!
작고 어렸지만, 주변 사람을 참 잘 챙겨주었던 게 기억나.
축제 때면 춤도 얼마나 잘 추던지. 그 모습을 다시 보고 싶어!
시간이 흘러 너는 15세가 되었고,
"나의 꿈은 미래의 희망꽃학교 교장선생님이에요."라고 말했지.
그래서일까. 동생들의 공부를 가르쳐주는 너를 보면
너의 꿈이 이루어지는 날이 곧 올 것 같아.
참 자랑스러워! 정말 멋져!

To. 그라시엘라 (볼리비아)

희망꽃학교가 생겨서 가장 좋았던 것은 너를 매일 만날 수 있기 때문이야.
일 년에 두 번밖에 못 만났었는데, 매일 공부하는 너를 볼 때마다 기뻐.

"선생님 저는 간호사가 꼭 되고 싶어요. 아픈 사람을 도와주고 싶어요."

라고 말했을 때 참 감동받았어.

그라시엘라! 너의 꿈을 온 마음을 다해 응원해!!

To. 로세이셀리아 (볼리비아)

8살이었던 로세이셀리아.

동생들에게 밥을 챙겨주기 위해

그 작은 손으로 땔감에 불을 붙이던 너의 모습을 기억해.

이제는 17살이 되었구나.

여전히 동생들을 챙기는 널 보면서 기특하기도 하고,

한편으로는 마음이 짠했었어. **사랑해. 너는 우리가 챙길게.**

To. 앙헬라 (멕시코)

3년 내내 멕시코 희망꽃학교의 전속모델을 담당하고 있는 앙헬라!
따뜻한 선생님이 꼭 되고 싶다는 너의 꿈을 응원해.

To. 카를라 (멕시코)

한 쌍둥이의 돌잔치가 야외에서 열렸던 날이었어.
초대받지 못해 들어오지 못하고 멀리 앉아서 지켜보던
세 자매(화니따, 아나, 카를라)를 그날 처음 만났지.
그렇게 너희를 알게 되고, 이곳에 학교가 필요하다는 걸 느꼈지.
그렇게 희망꽃학교가 시작되었어.
어느 날 학교에 오더니
"이젠 친구들도 생기고 더 이상 외롭지 않고 행복해!"라고 말하며
나를 꽉 안아줬던 게 기억나.

To. 룻 (멕시코)

사랑이 넘치는 룻!

2년 전에는 **엄마의 의족을 맞추기 위해 먼 도시까지 함께 다녔었지.**

왕복 7시간이나 걸리는 그 거리를 오가는데도 3세인 너는

불평 한마디 없이 잘 놀고 웃고 있었어.

이동 중 놀다가 심심하면 스스로 잠을 청하려고 노력했던 모습이

참 놀라웠어. 이젠 **엄마의 튼튼한 발도 생겼고, 그사이 너도 많이 컸구나.**

정말 사랑스러워!

To. 유비아 (왼쪽, 멕시코)

나이에 상관없이 가족에게 의지가 되는 사람이 있어. 그게 너였어. 임신한 언니를 돌보고 쌍둥이 남동생들을 돌보며 공부까지 하느라 힘이 들었을 텐데, 언제나 밝고 씩씩했던 너. **"지금껏 아무도 우리 가족에게 관심을 가진 사람이없었는데, 도움을 줘서 정말 고마워. 덕분에 우리는 많이 나아졌어!"라고 말하던 네가 기억나.**

Happy Together
: 함께 행복하기

2019년 8월 22일

사랑하는 우리 볼리비아 선생님들이 생각나는 아침이다.

고된 일도 항상 웃으면서 해내는 우리 선생님들을 생각하면, 좀 더 쉬고 좀 더 편하게 살려는 나를 반성하게 된다.

오늘도 아침부터 아이들에게 학용품을 전달하기 위해 험한 길을 간다고 연락이 왔다. 정부로부터 2,800권의 도서를 지원받아서 도서관 하나를 더 운영하겠다는 우리 선생님들.

"볼리비아 아이들은 걱정 마. 우리가 잘 돌볼게. 하지만 언제나 너와 네 아내가 그리워."

나를 믿어주며 함께 해주는 우리 선생님들이 너무 보고 싶고 고맙다. 정말이지 나만 잘하면 된다.

후원자분들 덕분에 자신들이 이런 행복한 일을 할 수 있다고 고마워하는 착한 우리 선생님들에게 내년에는 한국 연수를 시켜주기로 했다. 직접 보고 인사하라고. 선생님들은 영어 공부에 이어 이제 한국어 공부도 해야 한다며 빨리 한국 선생님 한 명만 보내 달라고 한다. 참 귀엽고 사랑스러운 선생님들이다.

이런 이들과 함께 일할 수 있어서 참 행복하다. 아내 복, 친구 복, 직원 복, 가정의 복까지 행운이란 행운은 다 가졌다는 걸 알기에 더 나누며 더 사랑해야겠다고 결심하는 오늘.

이 결심이 오래 지속되길 오랜만에 신에게 부탁드렸다.

선생님들이 보통 아이들을 통칭할 때 Los Niños (학생들)이라고 해요.
근데 어느 날부터 아이들을 Mis hijos 또는 Mis Niños라고 부르더라고요.

Mis hijos, Mis Niños 는 내 자식들, 우리 아이들이라는 뜻이에요.
그게 참 뿌듯했어요.

≪무조건 행복하세요≫ 인터뷰 중

행복 마일리지 [+2]

Happy Together: 함께 행복하기

Q. 나의 소중한 사람을 역할로 부르고 있진 않나요?
한 사람을 위한 특별한 애칭을 만들어보세요.

예) 학생들 → 나의 아이들

Avengers

기적을 만드는 4가지 조건

1. 동행: 혼자 살면 덜 멋있다
2. 도전: 나는 늘 있었다
3. 공동체: 모두 모여라
4. 오늘: 기승전행복

Community

Challenge

Companion

Carpe diem

오늘도 공동체

"교육을 받을 수 있는 세상,
폭력과 노동착취가 없는 세상을 선물하고 싶어요."

- 디마르 -

Dymar_디마르

코인트리 볼리비아 희망꽃학교 교장

한영준 대표가 볼리비아 희망꽃학교를 맡기고
멕시코 현장으로 갈 정도로 신뢰감 뿜뿜
긴급구호, 교육지원, 학용품 배급 모두 직접 발로 뛰는 활동가

2016년, 일자리를 구해야만 했어요. 저에게는 가족 부양을 위해 일자리가 절실히 필요했어요. 신문을 보고 사립 및 공공기관의 일자리를 필사적으로 찾아다녔어요. 모집 공고를 보는 대로 이력서를 넣고 기다렸지만 아무런 소식이 없었어요. 그것은 어떤 기관도 나를 받아들이지 않는다는 의미예요. 그럼에도 불구하고 지원하는 것을 포기하지 않았어요. 저에게는 아내와 두 살 된 아들이 있었거든요.

코인트리의 공고를 보고 면접 서류를 준비했는데 그 당시 주머니에는 복사비와 인터넷 비용을 지불할 동전밖에 없었어요. 그때는 집에 컴퓨터도 없었어요. 상황은 많이 어려웠지만 지원하지 못할 핑계가 될 수 없다고 생각했어요. 며칠 동안 연락을 기다렸어요.

그때 한 사설기관과 코인트리에서 면접을 보러 오라는 연락이 왔어요. 이 둘 중 한 곳에서는 저를 받아줄 것 같아 기뻤어요. 마침 같은 날 면접이 있었어요. 코인트리가 오후 4시, 다른 기관이 오후 5시였죠.

먼저 코인트리 면접장에 들어갔을 때, 외국인들이 있어서 긴장이 되었어요. 어떤 질문에도 대답할 수 있도록 많이 준비했지만, 할 줄 아는 영어는 기본 수준밖에 안 되었기 때문에 더 긴장했던 것 같아요.

그들은 저에게 인사했어요.
"올라! 코모에스타스! (안녕하세요! 반가워요!)"
우리는 서로 웃으며 인사를 나눴어요.

저는 기관에서 일하고 싶은 이유에 대해 이야기하기 시작했어요. 면접관 중 한 명이 볼리비아에서 하고 있는 일을 설명하기 시작했어요. 저는 그들이 진행하는 프로젝트에 대해 듣고 감명을 받았어요. 그들에게서 볼리비아의 가난한 아이들을 향한 따뜻한 마음을 느낄 수 있었거든요. 그들은 아이들을 돕고 삶을 변화시키고 싶어 했어요. 저는 그게 너무 좋았어요. 면접 시간 동안 그들은 저를 친절하게 대했고, 아이들에 대한 사랑과 가치관과 권리에 대해 얘기해 주었어요.

또 저는 면접에서 케추아어(뽀꼬뽀꼬에서 사용하는 원주민어)를 많이 사용했어요. 마을 사람과 아이들과의 소통을 위해서는 케추아어가 필요하다고 말했어요. 그들이 저의 이야기를 알아들었는지는 모르지만, 모두 미소를 짓고 있었어요. 어떤 상황, 어떤 곳에서도 일할 수 있고 함께하길 원한다고 말했어요. 면접이 끝난 뒤 루나는 아들에게 주라며 초콜릿을 선물로 주었어요.

코인트리 면접을 마친 후, 오후 5시에 예정되었던 두 번째 면접장으로 향했어요. 도착하자마자 면접관과 이야기를 나누었는데, 엄격한 분위기로 프로젝트의 개요와 기간에 대해 설명해 주었어요. 많은 질문이 있었고, 저는 정확하게 대답했어요. 그들은 생각보다 많은 급여를 제안했지만, 제 마음은 아이들을 위하는 코인트리의 소중한 프로젝트로 향하고 있었어요. 그때 코인트리에서 전화가 왔어요.

저는 면접관에게 이렇게 말했어요.
"너무 중요한 전화가 왔습니다. 잠시 전화를 받아도 될까요?"

양해를 구하고 바로 전화를 받았어요. 코인트리의 프로젝트와 함께할 수 있는지 의향을 묻는 전화였어요.

"Yes!"

저는 두 번 생각하지 않고 함께 일하기로 결정했어요. 몇 년이 지났지만 아직도 두근거림이 남아있어요! 그 이유는, 그들에게서 신뢰, 책임감, 정직 그리고 무엇보다도 사랑을 보았기 때문이에요. 코인트리와 일하면서 놀랐던 것은 단순히 한 마을의 교육 사업이 아니라 24개 이상의 마을에 교육 지원을 하기로 했다는 것이었어요. 볼리비아에서 외딴 지역은 정부의 지원에서 소외되는 경우가 많아요. 현지의 단체가 아닌 해외의 단체가 볼리비아를 향해 꿈을 꾼다는 것이 너무 놀라웠어요.

미래

저는 이 프로젝트와 함께하고 있다는 사실이 정말 자랑스럽고,

아이들을 위해 이 일을 하는 것이 참 행복해요.

미래에는 볼리비아 시골에서 멋진 인재를 만나게 될 거라고 확신해요.

- 디마르 -

동행 Companion
혼자 살면 뭘 멋있다

2020년 8월 27일

울컥했다. 눈물이 핑 돌았다.

지난달부터 정기후원 만기가 된 후원자분들에게 안내 메시지를 보내고 있다. 참 감사하다고. 젊음의 패기로 볼리비아에서 100원을 모아 학교를 짓기 시작했고, 100원만 달라고 길에서 산에서 바다에서 참 많이 외쳤다. 5년 전 그 외침에 처음 반응했던 분들의 후원 기간이 드디어 만료가 된 것이다. 한 번 약정으로 평생 후원하게 하는 것이 뭔가 불합리해 보여서, 마음 없이 그냥 쑥 빠져나가는 후원은 바람직하지 않게 여겨져서 5년이란 시간을 부탁했다. 적어도 5년은 해야 아이들을 위한 안정적인 시스템을 구축하여 밥을 먹이고 공부도 시킬 수 있을 테니….

수많은 사람이 망할 거라고, 학교를 짓는 것은 쉽지만 운영은 힘들 거라고 걱정해 주었다. 걱정만 해준 것이 아니라 지혜를 보태줘서 지금은 볼리비아에서 약 160명이 우리가 주는 밥을 먹으며 공부하고 있다.

정말 많이 울었고 웃었다. 우는 날보다 웃는 날이 100배는 많았다. 참 좋았다. 이런 좋은 날들을 선물해 준 후원자분들에게 다시 한번 감사를 전한다. 앞으로도 행복할 테고, 진짜 내 안에 행복이 넘쳐 그 행복을 필요로 하는 사람에게 보낼 수 있는 그런 행복한 사람이 되겠다. 가장 멋있는, 가장 능력 있는, 가장 일 잘하는 사람이 될 자신은 없지만 **가장 행복한 사람이 될 자신은 있다.**

한 달에 3천 원, 크다면 크지만 적다면 정말 적은 돈이다. 그런데 사람을 살릴 수 있는 돈이다. 후원하자. 혼자 살면 덜 멋있다.

가장 멋있는, 가장 능력 있는, 가장 일 잘하는 사람이 될 자신은 없지만

가장 행복한 사람이 될 자신은 있다.

2019년 3월 24일 한영준의 기록

우리 부부는 안나와 리차드를 후원하고 있다. 올해 목표를 다시 세우고 함께 행복하고 열심히 살기로 약속했다. 볼리비아에서는 한 달에 12만 원이면 아이들의 학비와 생활비가 충당된다. 이제 대학 2학년이 되었고, 내년에는 스페인으로 유학을 보낼 계획을 하고 있다.

5년 전에는 뽀꼬뽀꼬에서 이런 일이 일어날 수 있으리라고는 꿈꾸지 못했다. 올해 새롭게 2명이 대학에 진학했고 내년에는 7명이 도전한다. (희망꽃학교가 세워지기 전 5년 동안 대학에 진학한 사람은 단 1명이었다.)

아이들에게 먹고 놀고 사랑하는 법을 가르쳤더니 꿈꾸는 법을 스스로 배우고 있는 것 같아 뿌듯하다. 아이들에게 더 큰 세상을 보여주고 싶다. 나보다 훨씬 훌륭한 사람이 되어서 한 번씩 날 찾아와 안아주었으면 좋겠다.

#용돈_봉투도
#현물도_받을게_애들아
#돕는거_아니야_투자야

도전 Challenge
나는 늘 있었다

2018년 8월 22일

세계 일주를 꿈꾸던 나에게 "너는 돈이 없고, 너는 언어 능력이 없고, 안정이 없다."라고 말했다. 학교의 건축과 운영을 꿈꾸던 나에게 "너는 돈이 없고, 기술이 없고, 경영 능력이 없으며, 졸업장이 없다."라고 말했다. 행복한 가정을 꿈꾸던 나에게 "너는 집이 없고, 멀쩡한 직업이 없으며, 차가 없다."라고 말했다. 세상은 늘 나에게 '없다'라고 이야기 했다.

하지만 나는 늘 있었다. 나에겐 젊음이 있었고, 나에겐 꿈이 있었고, 나에겐 열정이 있었고, 나에게는 넘어지면 일어날 용기가 있었다. 그리고 무엇보다 나에게는 사랑하는 사람들이 있었고, 늘 나에게 손을 내밀어 주는 친구들이 있었다. 나는 지금 9년 넘게 세계 일주를 하고 있고, 남미 볼리비아에 학교를 세웠으며, 행복한 가정을 꾸리고, 지금은 멕시코에 빈민들을 위한 병원을 지으려는 꿈을 꾸고 있다. 나는 여전히 돈이 없고, 나는 여전히 의대를 나오지 못했으며, 나는 여전히 스페인어에 능통하지 못하고, 나는 여전히 부족한 것 투성이다.

하지만 나에게는 있다. 나에게는 이 글을 읽는 당신이 있다. 우리가 학교를 세울 수 있었던 가장 큰 이유는 소리 소문 없이 보이지 않는 곳에서 100원짜리 동전을 모아서 보내주는 사람들의 실천이 있었기 때문이다.

가구를 배송할 때마다 500원씩을 모아주고, 커피를 팔 때마다 100원씩 모아주며, 도시락과 전골을 팔 때마다 100원씩 모아줬다. 바자회를 열어 모아주고, 버스킹 공연을 해서 모아주며, 자신의 가게 앞에 저금통을 놓아두고 동전이 모일 때마다 자발적으로 보내주었다.

책을 읽을 때마다 100원,
헬스장에 갈 때마다 100원,
엄마에게 사랑한다고 이야기할 때마다 100원,
사귄 지 100일 기념으로 100개의 100원,
1983년생의 1983개의 100원 등….

그 동전들은 이미 학교와 도서관이 되었다. 이렇듯 **우리는 삶 속에서 다양한 방법으로 유쾌하고 즐거운 소액기부문화를 만들어낼 수 있다.** 자신의 재능이 될 수도 있고, 노력이 될 수도 있다. 이런 마음들은 큰 기적을 만들어낸다. 나는 지금 그 누구보다 행복하고 보람을 느끼며, 만족스러운 삶을 산다. 이건 정말 나와 함께 꿈을 꾸고 응원하고 도와준 사람들 덕분이다. 정말 고맙다. 100만 명의 생명을 살리는 걸로 갚아도 된다면, 무조건 갚겠다.

2017년 3월 22일 한영준의 기록

평생 다른 이에게 호구로 잡히는 것.
괜찮지 않나?

특히 그 상대가 지구 반대편의
꿈 많고 사랑스러운 아이들이라면.

이것이 내가 희망꽃학교, 사랑꽃병원 후원자를
호구 위원이라고 부르는 이유이다.

어수룩하여 이용하기 좋은, 그런 사람.
나도 아이들에게는 늘 그런 호구가 되고 싶다.

공동체 Community
모두 모여라

2016년 6월 24일

‘사공이 많으면 배가 산으로 간다.’는 충고를 들었다.

소액 개인 후원자들의 위험성을 경고한 말이었다.

고개가 숙여졌다. 실제로 많은 개인 후원자를 안고 가기에 위험부담이 크니까. (내 그릇도 작을뿐더러) 현재 정기후원자인 2,000명이 1년에 한 번만 문의한다 해도 2,000건의 문의를 받게 된다. 혼자서는 소화할 수 없는 일임에 분명하다.

화장실에서 똥 누다가 문득 또 한 번의 깨달음을 얻었다.

“맞아. 사공이 많으면 배가 산으로도 갈 수 있어!”

나같이 부족한 사람이 교육자가 되고, (물론 이런 말을 내가 스스로 하는 게 정말 부끄럽다.) 오지 산간마을에 학교를 지을 수 있었고, 7년이나 세계여행할 수 있었던 건 내 삶을 함께 항해해 준 수많은 사공 덕분이었다.

사공이 많으면 배가 산으로도 갈 수 있다.

사공이 많으면 나같이 부족한 사람도 귀하게 쓰임 받을 수 있다.

이 작은 동전들이 모여 학교가 되었다.
이 작은 동전들이 모여 병원도 될 것이다.
이 작은 동전들이 모여 사람에게 사랑을 전하고 희망을 전할 것이다.

욕 나올 정도로 멋지다.

함께 노를 저어준 친구들에게 다시 한번 감사의 마음을 전하고 싶다.

"나눔의 힘이 기적을 만든다는 것을 경험한 순간
무척이나 기뻤습니다."

- 이경욱 -

이경욱

코인트리 후원자

코인트리 서포터즈 1기 기장
스리랑카 현장 봉사자
한영준 대표의 글을 읽고 꽃호구(코인트리 후원자 애칭)가 됨
코인트리 프로젝트 프로 참석러이자 프로 행복러

'여자에게 관심 받기 위해 여행을 시작했다는 글'을 본 적이 있어요. 처음에는 돌+I인가 했어요.(웃음) 글을 계속 읽어보니 100원씩 구걸해서 병원을 짓는 꿈을 가지고 있더라고요. 그 사람이 바로 꽃거지 한영준이에요.

그의 이야기가 궁금했고 더 알고 싶어 글을 처음부터 끝까지 읽기 시작했어요. 꽃거지의 인생은 참 행복해 보였고 나도 나눔을 시작하면 지금보다 더 행복하게 살아갈 것 같았어요. 그때부터(2015년) 꽃호구가 되어 정기후원을 시작했고, 1년에 한 번씩 자선공연을 만들어 수익금을 코인트리에 기부하기도 했어요.

스페인 산티아고 여행에 대해 알아보고 있을 때였어요. 영준이에게 이런 문자가 왔어요.

나중에 인생을 돌아볼 때
'젠장, 해 보기라도 할걸'이라고 말하는 것보다는
'세상에, 내가 그런 짓도 했다니'라고 말하는 편이 낫다.

- 루실 볼 -

스리랑카에서의 일정이 끝난 후 스페인 마드리드로 가는 항공권을 결제했어요.

'젠장, 이런 거 해볼 걸 후회하기 보다 세상에 경욱이가 그런 짓도 했다니!'

이 소리를 들어야겠다고 생각했거든요.

영준이의 응원 덕분에 산티아고 순례길 37일의 여행을 마쳤고 오랫동안 마음에 품고 있던 버킷리스트를 이룰 수 있었어요.

2018년 5월 1일 이경욱의 기록

Day 35. 2018.04.14 [Muxia, Spain]

"목표한 것을 이뤘는가?"
서른일곱이라는 나이에 해외 첫 여행을 했다. 대부분의 사람은 결혼 육아 가정 내 집 등등을 고민하는 시기이다. 나는 철딱서니 없게도 결혼이 아닌 퇴사와 여행을 고민했다.
오로지 머릿속에는 '버릴 것이 더 많아지기 전에' 떠나고 싶었고 '세상에, 내가 그런 짓도 했다니'라는 말을 하고 싶어 떠났다. 무너진 자존감을 끌어올리고 싶었고 그래서 선택한 게 여행이었고 실천하는 순간 목표의 반은 이미 이루었다.

스페인 산티아고로 가는 순례길의 목표가 있었다.
그것은 나의 무너진 자존감을 바로 세우는 것이다.

마지막 목적지 Muxia에서 목표를 이뤘는지 생각해보며 그때 깨달은 것이 있다. 자존감은 내가 실천했을 그 순간에 이미 세워졌다. 완주했을 때 견고해졌다고 생각했다.
2018년 2월 20일~28일 코인트리 스리랑카 해외 봉사
2018년 3월 1일~11일 스리랑카 여행
2018년 3월 11일~4월 16일 Pamplona에서부터 걷기 시작하여 Muxia에 도착까지 37일간의 스페인 까미노길 여행
버린 건 시간과 돈과 직장이지만,
얻은 건 자존감, 용기, 도전, 추억, 상사병, 체력, 땀띠, 물집, 솔직함이다.
고생했어. 이경욱! 행.복.하.다!!

32 BIONIC

나눔의 힘

코인트리를 만나 잘 놀고, 잘 나누고, 사랑을 실천하는 삶을 살고 있어요.
코인트리의 슬로건 'Play Share Love'는 제 삶에도 스며들었죠.

코인트리를 통해 배운 나눔은 빼기가 아니라 더하기, 곱하기였어요.
나누는 삶이라는 말을 들으면 자기 것이 없어지는 것이라고 느끼잖아요.
저도 가진 것 중에 일부를 빼는 것이 나눔이라고 생각했었는데
꽃호구(정기후원자)가 되고 행복한 나눔을 하다 보니
스스로 행복을 더하고 곱하고 있더라고요.

내가 죽기 전에 하고 싶은 모든 것을 버킷 리스트로 만들었어요.
그중에는 '자선공연 50번 하기'가 있어요.
1년에 한 번 재능기부 프로젝트를 만든 거예요. 지금까지 12번 했어요.
이제 38번 남았고요. 그러니 앞으로 한 40년은 춤출 수 있는 건강한 몸과
마음으로 살아야 해요. 맞아요! 저, 누드 촬영도 했어요.
버킷리스트를 만들고 이루는 삶이 참 좋아요.
이제 또 어떤 것까지 해보게 될까요?

- 이경욱 -

TRAVEL MATE
TM Belize 40
Km 0,000
galicia

해피 마일리지 [+5]

도전: 나는 늘 있었다

먼저 자신을 사랑하라. 나머지는 알아서 뒤따를 것이다.
이 세상에서 무엇이든 해내려면 정말로 자신을 사랑해야 한다.

루실 볼 *Lucille Ball*

Q1. 무조건 이루어지는 나만의 버킷리스트 작성해 보기.

예) 산티아고 순례길 걷기, 춤 공연 50회

☐

☐

☐

☐

☐

☐

* 버킷리스트(bucket list)

죽기 전에 꼭 해야 할 일이나 하고 싶은 일들에 대한 리스트

인생친구

인생의 터닝포인트를 만들어주는 사람

이 책을 읽는 사람들이 서로에게 인생친구가 되었으면 좋겠습니다.

저의 삶이 심심하고 무료하다고 느낄 때 온유를 알게 되었어요. 그리고 2015년 1월 '앰부(Ambu, 풍선 같은 형태의 수동식 인공호흡 기구) 봉사'를 시작했어요. 온유에게 가는 날은 봉사하러 가는 날이 아니라 온유와 노는 날이었어요. 온유는 제 무료한 일상에 재미와 유쾌함 그리고 행복하게 사는 방법을 알려 준 저의 인생친구입니다.

저에게는 2명의 인생친구가 있어요. 그게 바로 온유와 영준이에요. 저의 인생을 바꿔준 두 사람을 서로 연결해 주면 제가 더 행복해 질 것 같아서 소개해 줬어요! 앰브봉사와 코인트리를 연결해 준 게 아니라 김온유와 한영준이라는 사람을 서로 만나게 해준 거죠. 존재만으로 큰 힘이 되는 친구가 될 거니까요.

코인트리가 하는 일을 가장 잘 아는 사람을 뽑으라면
나는 김온유라고 할 거야. 따스한 마음을 나누고,
마음을 모아주는 친구니까.

- 꽃거지 한영준 -

"친구란 애정을 가지고 서로를 알아가는 관계,
생각이 다르더라도 존중하고 지지하는 관계,
그리고 나를 필요로 할 때 기꺼이 손 내밀어 주는 관계에요."

- 김온유 -

김온유

코인트리 홍보대사

≪숨 쉬지 못해도 괜찮아≫ 책 저자
따스한 마음을 나누고, 마음을 모아주는 코인트리의 인생 친구 우리는 사랑할 때 행복해질 수 있는 존재가 되잖아요. 그래서 누군가 나의 작은 도움을 필요로 하고, 또 기꺼이 받아준다는 게 참 고마운 일인 것 같거든요. 그래서 그 일이 가능하도록 내가 가지 못하는 현장에서 대신 수고하고 그 소식을 열심히 전해 주는 코인트리가 참 귀하다고 생각해요.

친한 언니를 통해 코인트리와 한영준 대표님을 소개받았을 때 다들 먼저 관심을 가지고 제가 있는 곳까지 찾아와 주셨어요. 그 덕분에 금방 친구가 될 수 있었던 것 같아요.

'릴레이 온유' 앰부봉사 이야기

친구들은 늘 자신의 서투름으로 '온유가 아프면 어쩌나' 하는 걱정을 했고, 나도 잔뜩 긴장한 친구들의 모습을 보면서 '이러다가 팔근육이 아프면 어쩌나' 하고 걱정해야 했다.

하지만 함께 숨을 쉬다 보면 우리는 곧 서로 다른 2개의 호흡이 하나 되는 것 같은 놀라운 경험을 하게 되었다. 앰부를 누르던 친구들은 때때로 덩달아 호흡이 빨라져서 어느새 나와 똑같은 템포로 숨을 몰아쉬었고, 그렇게 똑같이 숨을 맞춰 쉬다 보면 우리는 함께하는 호흡에 익숙해졌다. 그리고 진심 어린 마음이 익숙해진 호흡을 타고 전해져서 어느새 우리는 함께 호흡하는 서로를 믿고 있었다. (중략)

함께 호흡을 맞추고 나면 대체로 금세 가까워질 수 있는 법이다. 그러니 나는 가장 소중한 호흡을 잃어버린 대신, 사랑받고 사랑할 수 있는 기회를 누구보다도 많이 얻은 셈이라고 생각하게 되었다.

≪숨 쉬지 못해도 괜찮아≫ 151p 중에서

인생친구

인생을 살아가다 보면 힘든 일을 만날 때가 있어요.
그때 서로를 도울 수 있는 친구가 곁에 있다면
살아갈 만한 세상이 될 거라고 생각해요.

친구란 애정을 가지고 서로를 알아가는 관계,
생각이 다르더라도 존중하고 지지하는 관계,
그리고 나를 필요로 할 때 기꺼이 손 내밀어 주는 관계.

이런 관계가 가장 좋은 친구라고 생각해요.

우리 인생친구 할래요?

- 김온유 -

해피 마일리지 [+15]

공동체: 모두 모여라

〈코인트리의 인생친구 프로젝트〉

친구를 얻는 가장 좋은 방법은 친구가 되는 것이다.

랄프 왈도 에머슨 *Ralph Waldo Emerson*

Q. 내가 생각하는 인생친구란 어떤 사람인가요?

예) 인생친구: 인생의 터닝 포인트를 만들어주는 사람

Tip) 더 많은 인생친구를 만나는 방법

1. 내가 먼저 인생친구가 되어 준다.
2. 나의 인생친구를 소중한 사람에게 소개해 준다.

오늘 Carpe diem
기승전행복

2018년 3월 6일

"성공한 후 좋은 일 하겠다는 사람치고 성공한 사람을 못 봤다."

한 사업가가 나에게 해 준 말이다.

내 집을 다 짓고 난 후에 집이 필요한 사람에게 집을 선물하면 너무 늦을 것 같았다. 그래서 내 집을 짓기 전에 집이 필요한 사람에게 먼저 집을 지어 주고 있다. 이제 겨우 세 채밖에 선물하지 못했지만 아마 나부터 챙겼다면 아직 한 채도 선물하지 못했을 것이다.

나는 성공한 후 기부하겠다고 말하는 사람들의 말을 신뢰하지 않는 편이다. 성공한 사람 대부분은 성공하기 전부터 나누던 사람들이기 때문이다. 생각해 보니 어느 정도 맞는 말인 것 같다. 나중에 커서 효도한다는 자식보다 지금 효도하는 자식이 커서도 효도할 확률이 높으니까.

이번에도 나는 내가 사는 집이 아니라 스리랑카 아이들을 위한 집을 지어줬다. 5명이 모여 살던 판잣집을 철거하고 조그마한 주방과 방이 있는 집을 지어줬다. 기존에 선물해 준 멋진 집만큼은 아니지만 그 가족은 너무 행복해했다.

나도 내 집이 없고, 내 공간이 없는 것에 대한 두려움이 아예 없다고 말한다면 거짓말이겠지만 '지내는 곳이 어디든 둘이 있으면 행복할 거라는 확신이 든다'는 아내의 말이 나에게 힘을 준다.

기승전김경미 사랑해.

희망을 꽃 피우다: 꽃지기 김경미

"희망+꽃=희망을 꽃피우다."

희망꽃학교는 볼리비아 뽀꼬뽀꼬라는 작은 마을에 세워진 학교의 이름입니다.

제가 코인트리와 함께하면서 가장 행복했던 때는 희망꽃학교의 개교 첫날이었어요. 개교 이전에 건물이 세워지고, 학교에 선생님들 한 분 한 분이 함께하게 되고, 냉장고부터 사소한 것 하나하나까지 직접 채워갔어요.

아이들이 이 학교에 다닐 생각을 하니 너무 떨렸어요. 준비가 끝나고 개교하는 날에 꽃거지 님과 설레는 마음으로 학교로 걸어 올라가는데, 학교가 너무 조용하더라고요. 수업 시간이었는데도 말이죠.

'혹시 아직 아이들이 안 왔나? 왜 이렇게 조용하지?' 하면서 떨리는 마음으로 교실 문을 딱 열었어요. 많은 아이들이 집중해서 책을 보고 있었어요.

이전에는 길거리에서 만났던 아이들이었거든요. 그 아이들이 책상에 앉아서 공부하고 있는 모습을 보고 정말 많이 울었어요. 어떤 느낌인지 제대로 알아차리기도 전에 눈물이 쏟아졌어요. 걱정과 힘들었던 시간 때문이기도 했겠지만, 그보다 마음 깊숙한 곳에서부터 말로 표현하기 어려운 뜨거운 감정이 올라왔어요. 지금 다시 생각해도 감동이에요. 공부하고 있는 아이들의 모습이 정말 너무너무 예뻤어요.

2014년 8월 19일 한영준의 기록

일곱 살 크리스티앙이 아침부터 찾아왔습니다.

시키지도 않았는데 무턱대고 일을 합니다.

삽질과 외발 수레 끄는 솜씨가 보통이 아닙니다.

제가 물었습니다.

"크리스티앙, 왜 왔어?"

'학교 짓는다니까 도와주고 싶은 거구나.'라며 속으로 생각했습니다.

크리스티앙이 말합니다.

"도와주려고."

제가 말합니다.

"학교 지으니까 도와주려고?"

크리스티앙이 말합니다.

"아니, 그냥 화니또 도와주려고."

뭔가, 수많은 생각이 듭니다.

일하지 말고, 인부들 음료수랑 너 먹을 사탕이나 사 오라고

심부름시켰더니 사탕은 됐다며 음료수만 사 옵니다.

그리고 또 묵묵히 수레를 끕니다.

아동노동은 나쁜 짓인데… 크리스티앙을 말릴 수 없었습니다.

다음 날 아침 8시.

크리스티앙은 또 현장에 있었답니다.

희망꽃학교는 뽀꼬뽀꼬 주민 모두의 힘으로

그리고 여러분의 힘으로 세워지고 있답니다.

오늘, 꿈을 선포한 지 2년 만에 학교가 세워지고 드디어 개교를 합니다.
사람들은 알지 못했습니다.
혼자 꿈꾸면 꿈이지만 함께 꿈꾸면 현실이 된다는 사실을.
사람들은 알지 못했습니다.

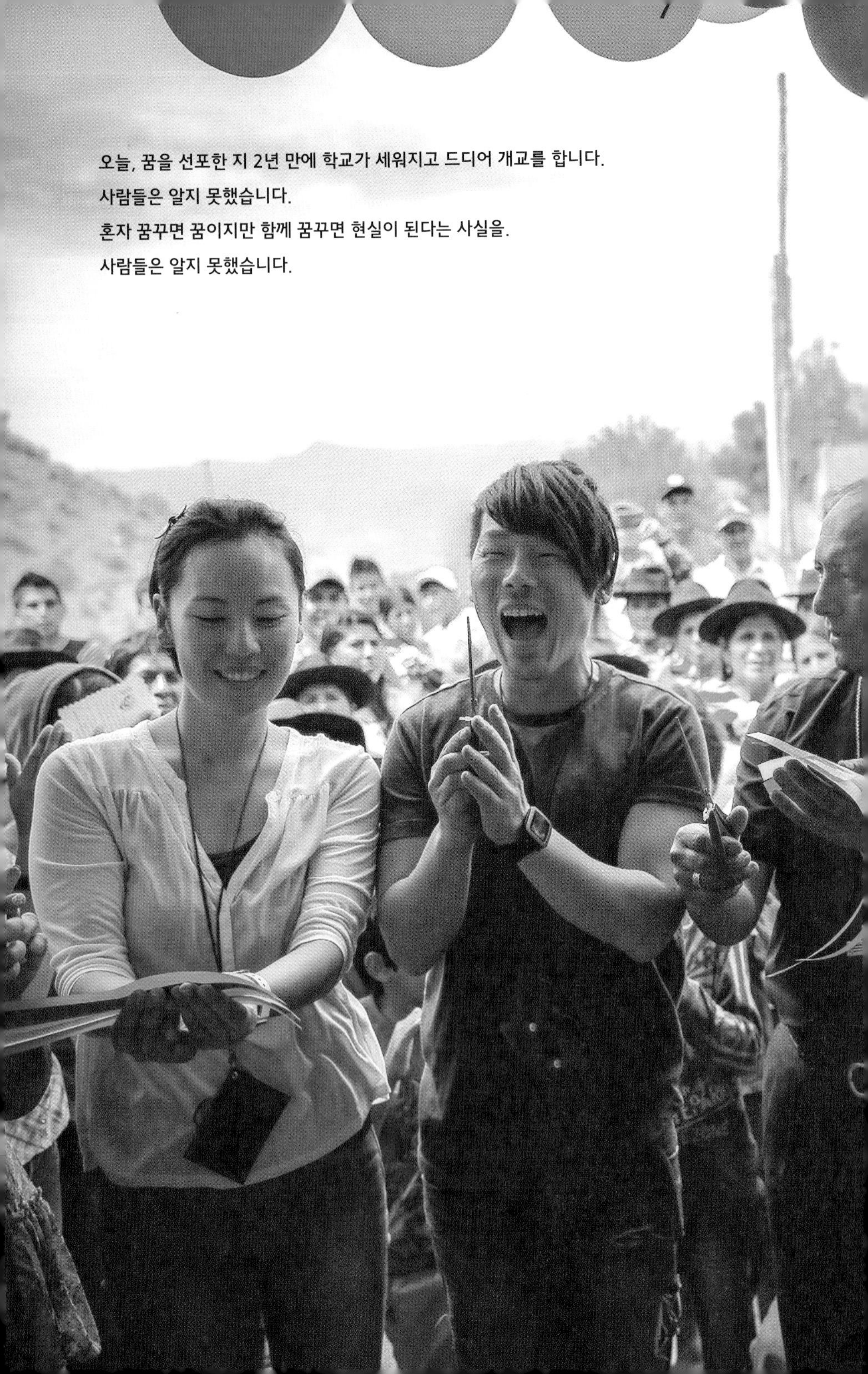

포기하지 않으면 꿈이 현실이 된다는 사실을.
이 학교는 수많은 사람이 함께 꿈꾸고 그 꿈을 포기하지 않았기에 세워질 수 있었습니다.
뽀꼬뽀꼬 희망꽃학교에서 이러한 꿈들이 다시 일어나길 소망합니다!

- 코인트리 대표 한영준 -

Hoy, pasaron ya dos años desde aquel dia que proclame comenzar con mi sueño, y finalmente, se hizo posible dar la apertura de nuestro centro educativo Flor de Esperanza.
La gente no sabia, cuando uno sueña solo, es sólo un sueño. Pero cuando soñamos juntos ese sueño se hace realidad.
Esta escuela se ha podido establecer gracias a aquellas personas que confiaron en el sueño y nunca se dieron por vencidos.
Yo deseo que estos sueños se cumplan una vez más en nuestro centro educativo Flor de Esperanzas.

Money

100원이 원하는 세상

Play　Share　Love

"작은 나눔의 씨앗이 전 세계로 퍼져나가면
아주 큰 변화가 일어나게 될 것이라고 생각해요."

- 김경미 -

꽃지기_김경미
코인트리 사무국장

중남미 살이 9년 차 현장 러버
코인트리와 꽃거지의 평생지기

'우주'에게 선물하고 싶은 세상

첫째, 자연이 아름다운 세상

우주야, 엄마는 어렸을 때 개울에서 수영하고, 가재도 잡고, 쉬는 시간에 뒷동산에 올라 친구랑 수다 떨면서 맑은 공기도 마시고, 땅거미가 질 때까지 바깥에서 흙장난 치고 있으면 엄마가 "밥 먹어!"라고 부르던 기억이 있어.

하지만 점점 환경이 오염되고, 숲이 사라지고, 마스크를 끼고 놀이터에서 놀아야 하는 현실이 마음이 아파. 너와 친구들을 위해 모두가 함께 노력해서 자연이 아름다운 세상, 자연과 동물과 사람이 고통받지 않는 세상을 만들었으면 좋겠어!

둘째, 서로 신뢰할 수 있는 세상

"신뢰는 받는 것이 아니라 주는 것입니다."

한 선생님이 말씀하셨어.

엄마는 그분의 말씀이 마음에 들어와 지금까지 기억하고 있어.

사랑하는 우주야, 엄마는 우주가 신뢰를 주는 사람이면 좋겠어. 상대방을 경계하고 의심하기보다는 먼저 의견을 존중하고 믿고 응원해 보는 거야. 그럼 그 사람도 어느새 너를 믿고 존중하고 응원하게 될 거야. 가족 사이에도 친구 사이에도 연인 사이에서도 말이야.

셋째, 웃으며 인사하는 세상

엄마는 중남미를 정말 사랑해. 그 이유 중의 하나는 모르는 사이일지라도 길거리에서 마주치면 웃고 인사를 건네는 모습 때문이야. 처음에는 그 모습이 어색하고 경계심이 들기도 했어. 하지만 그 사람들의 미소를 보며 나도 모르게 한 번 더 웃게 되더라! 모르는 이들의 밝은 웃음과 인사가, 누군가에게는 지친 일상에서 위로가 되기도, 누군가에게는 행복을 안겨주기도 한다는 사실을 깨달았어. 우주야 먼저 "안녕!"이라고 인사하며 더 많은 행복을 세상에 심어보자!

넷째, 모두가 스스럼없이 어울리는 세상

엄마는 여행이 참 좋아. 다양한 문화를 경험하고 사람들을 이해하고 함께 웃고, 함께 울다 보면 결국 사람의 따뜻한 마음과 온기는 같다는 것을 알게 되거든. 그렇게 다양한 인종, 문화, 생각들이 각자의 장점을 드러내고 존중받는 세상이 되었으면 좋겠어.

우리 우주가 다양한 문화의 친구들과 생각을 공유하고, 필요한 것들을 나누며 사는 거야! 생각만 해도 신나지 않아?

#자연이_아름다운_세상
#서로_신뢰할_수_있는_세상
#웃으며_인사하는_세상
#모두가_스스럼없이_어울리는_세상

많은 사람이 함께해 줘서 시작할 수 있었고 지금까지 올 수 있었어요.

앞으로도 코인트리는 많은 사람과 함께

기적을 만들어 갈 거란 걸 믿고 있어요.

작은 나눔이 여러 나라의 아이들과 선생님들에게 전해지고

또다시 그들을 통해 시작될 나눔이 기대됩니다.

선물

이곳에서 받은 기쁨을 당신에게 전해 주고 싶어요.
볼리비아의 희망꽃학교를 지을 때부터
아이들과 지역주민에게서 받은 기쁨이 참 커요.
제가 누리고 있는 기쁨을 지혜롭게 나누면서 살고 싶어요.
기쁘고 행복하고 조화롭고 용기 있게 말이에요.

- 꽃지기(김경미) -

플레이 Play
잘 놀고

2019년 5월 1일

여행을 할 때 나는 길가에 핀 꽃에게 종종 인사를 건네곤 했다. 그게 들꽃이든 길모퉁이에 핀 꽃이든 상관없이 그렇게 시간을 보냈다. 시간이 주는 여유가 있었기에 가능한 일이었다. 꽤 재밌는 일이었다. 어제는 분명 꽃봉오리 상태였는데, 오늘은 활짝 만개하기도 했고, 저녁이 되면 다시 꽃잎을 오므리는 꽃도 있었다. 다음 여행지로 내 발을 옮길 때면, 나는 꽃들과 인사를 나누었다. 그렇게 몇 년을 보낸 후, 난 내 행복의 척도와 여유의 기준을 꽃에게 얼마나 자주 인사를 하느냐로 세웠다. 길가에 핀 꽃들에게 소리 내어 인사를 건네기 시작한 지 한 3년 정도 된 것 같다.

물론 지금은 내 아내와 아들에게 매일 아침 웃으면서 뽀뽀로 인사를 건네는 삶으로 바뀌었지만, 그간 꽃들에게 인사를 못 한 것이 못내 미안해서 오늘은 가까이 다가가 말해 줬다.

"안녕, 자주 인사를 못 해서 미안해. 널 보니 행복해."

서른여섯 살이나 먹었고, 밀린 일도 태산이고, 매일 수면 부족에 시달리는 나지만, 그래서 감성 따위는 잠깐 내려놓고 이성의 눈만 뜨며 살아가지만, 나는 안다. 스스로 외꾸눈이가 될 필요는 없다는 것을.

"네가 그렇게 산다고 세상이 바뀔 것 같아?"
"적어도 내 세상, 내가 만나는 아이들의 세상은 바뀌지 않을까?"

당신에게도 권하고 싶다. 꼭 꽃이 아니더라도, 잠깐 정말 **1분이라도 이성의 눈은 살짝 감고, 감성의 눈으로 사물에게 인사를 건네 보라고. 그게 힘들다면 거울 속의 당신에게 해도 좋다. 꽤나 행복해질 확률이 높다.**

꽃도 예쁘고, 아내도 예쁘고, 아들도 예쁘고, 하늘도 예쁘다. 내 마음도 예뻐졌으면 좋겠다.

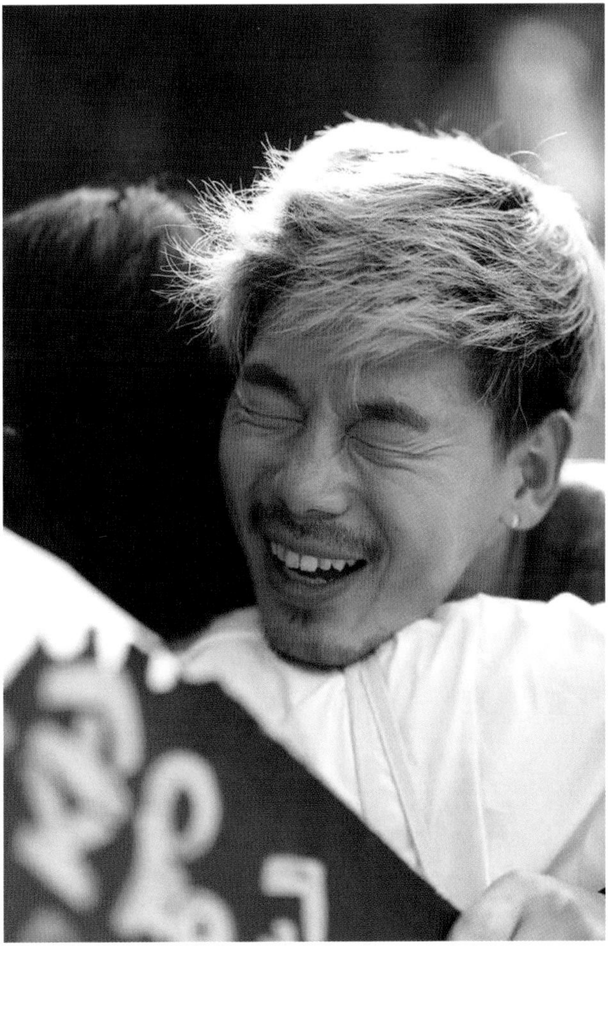

“한 명의 아이에게
한 어른이 있었으면 좋겠어요.”

- 박명희 -

박명희

코인트리 이사

아동양육시설 신망원 원장
코인트리에게 정서적으로 항상 힘이 되어 주는 분
아이들을 사랑하는 한 어른

제가 한영준 대표에게 여러 번 존경한다는 얘기를 했어요. 그것은 그의 사회적 직위나 그가 이뤄낸 성과를 보고하는 말이 아닌 그의 진심을 보고하는 말이에요.

한영준 대표를 처음 만난 건 제가 아동양육시설 신망원에 취임하고 몇 년 후 였어요. 그는 힘든 상황에서도 즐겁게 일하더라고요. 20대의 밝은 에너지라고 할까요. 인상적이었어요. 누군가에게 도전할 수 있는 힘을 주고, 용기를 주는 사람으로 너무 멋있게 살고 있다고 생각했어요.

코인트리에서 공유한 아이들의 사진과 영상을 봤어요. 열악한 환경에서도 아이들의 미소는 빛나고 있었어요. 그 웃음소리와 아이들의 모습이 저를 설레게 했어요.

지금 그 아이들 곁에는 코인트리가 있고, 한영준과 김경미 그리고 한우주라는 한 식구가 현장에서 그들 곁을 든든하게 지켜주고 있잖아요. 그런 현장을 간접적으로 공유하면서 설레는 마음으로 함께하고 있어요. 코인트리를 알고 후원하시는 분들은 이 마음에 공감하실 것 같아요.

저희 집(신망원)에 사춘기의 끝을 달리던 중학교 2학년 아이가 있었어요. 좋은 말로도 안 되고, 무섭게 타일러도 안 되고, 학교에서는 포기한다고 그러고, 밖에서도 계속 문제를 일으키는 거예요. 참 마음이 아팠어요. 이 아이가 변화하는 과정을 함께하고 싶었고, 어떻게 도와줄 수 있을까 하여 여러 가지 시도를 했어요. 그중의 하나가 영준이를 만나게 해 주는 것이었어요. (그 당시는 꽃거지 한영준이 전국을 다니면서 강연을 하고 있을 때였어요.)

현실적으로 사춘기 아이와 함께 꿈에 대한 강연에 참석하는 것이 쉬운 일은 아니에요. 아이는 '원장님이 왜 날 이런 곳에 데리고 오지?' 하며 의아해하기도 하고, '원장님이랑 따로 만나니깐 뭔가 맛있는 거 사주지 않을까.' 하는 기대로 저를 따라왔을 수도 있겠죠. 그러나 저는 '멋지고 좋은 에너지를 갖고 있는 영준이를 보고 스스로 뭔가 느꼈으면 좋겠다.'라는 기대를 가지고 있었어요.

시간이 흘러, 현재 그 아이는 대학교 3학년에 재학 중이에요.
자신이 만든 요리로 누군가에게 용기를 전하고 싶어 해요.
멋진 셰프로 성장하는 아이가 이렇게 말하더라고요.

"저는 요리를 통해서 따뜻함을 전하고 싶은 꿈도 있지만, 코인트리 최연소 이사가 되는 것이 꿈이에요."

그 아이가 셰프로 성공해서 코인트리 최연소 이사로서 의미 있는 일에 동참하고 싶다고 말하게 됐다는 건 제게 엄청난 기적이에요!

아이들이 자립하기 전에 주고 싶은 것을 한 가지만 선택할 수 있다면, 그것은 '자존감'이에요. 사실 '자신감'은 좀 떨어져도 세상을 살아가는 데 크게 문제 될 건 없다고 생각해요. 자신감은 있을 때도 있고 없을 때도 있잖아요. 개인 성향에 따라 다르기도 하고 삶을 살아가다 바뀔 수도 있어요. 그런데, '자존감' 없이 사는 것은 굉장히 힘든 일인 것 같아요. 그래서 아이들의 자존감을 높여주기 위해 많은 노력을 하고 있어요. 그것이 제가 그 아이의 곁을 지키지 못할 때에도 스스로 삶을 살아갈 힘이 되어줄 테니까요.

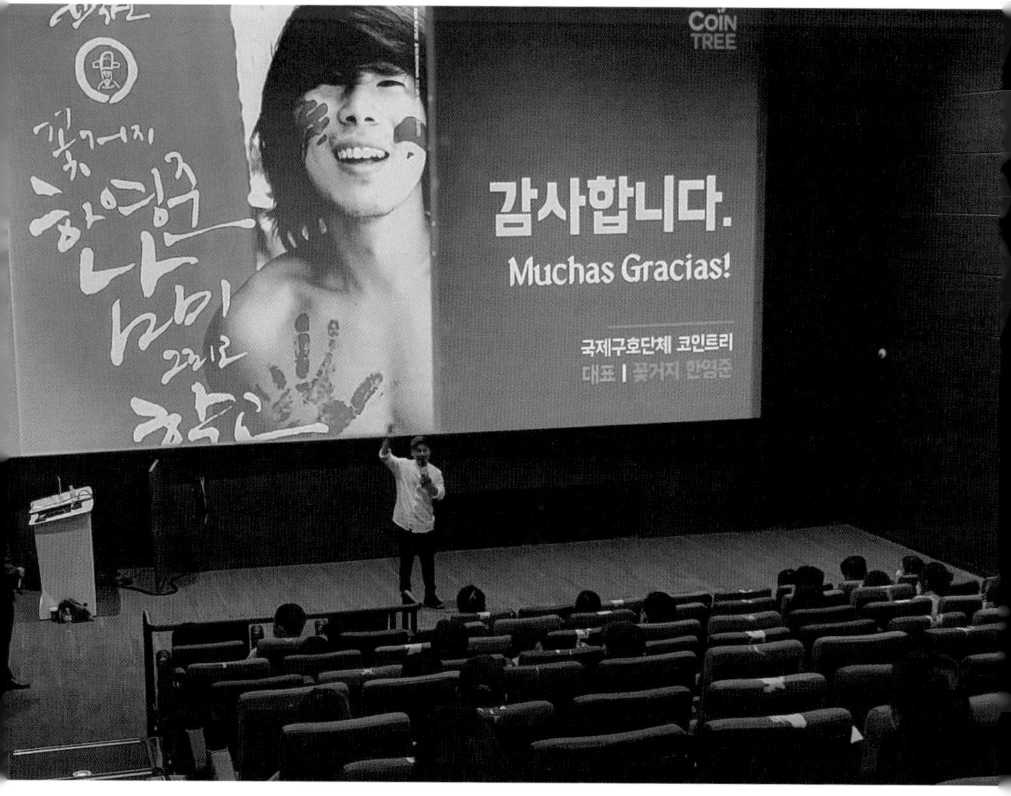

자존감

"내가 살아보니깐 나 자신을 사랑하고 나서야 무언가 할 수 있었어."

저의 살아온 이야기를 아이들에게 들려주면서

가장 많이 하게 되는 이야기도 자존감에 대한 이야기예요.

자존감은 자신을 사랑하는 거라 생각해요.

– 박명희 –

해피마일리지 [+5]

플레이: 잘 놀고

Q. 오늘은 자신에게 사랑을 표현할 수 있는 마지막 날입니다. 세상에서 가장 소중한 자신에게 무엇을 해주고 싶은가요?

예) 소중한 사람들과 함께 하기, 여행하기, 나에게 편지 쓰기 등

저의 소원은

이 세상의 모든 아이에게 한 어른이 생기는 거예요.

아이들이 어려움을 겪을 때 함께 울어주는 어른,

축하할 일이 있을 때 박수 쳐줄 어른,

아이들이 성장하는 긴 여정 가운데 곁에서 함께 있어 주는

좋은 어른이 있다면 얼마나 좋을까 늘 생각해요.

한 아이에게 한 어른이 되어주는 세상이 왔으면 좋겠어요.

쉐어 Share
열심히 나누고

2020년 12월 17일

우주야, 지금부터 하는 이야기는 아빠의 바람이고, 너를 잘 이해하지 못한 까닭에 하는 소리일 수 있어. 그래도 너에게 해주고 싶은 말을 해볼게.

첫째, 잘 놀아라. 삶의 목표가 성공이라면, 그 성공이 행복하기 위한 것이라면 무조건 잘 놀아야 한단다. 행복한 사람만이 주변을 진정 행복하게 해 줄 수 있어. 행복하지 않은 성공은 주변을 이롭게 하지 못하는 경우가 많으니 더욱 잘 놀고 행복해야 한단다. 놀면서 공부까지 잘하라고 말하고 싶지는 않구나. 사람에겐 주어진 에너지가 있는데, 노는 데 힘을 쓰면 공부하는 데는 힘이 덜 가는 것이 당연한 거란다. 주어진 에너지 이상을 써버리면 몸과 마음에 아픔이 쉽게 찾아오게 돼. 그러니 총량의 법칙을 꼭 이해하고 놀렴. 다 잘하려고 하지는 말자.

둘째, 나눠라. 혼자만 행복하면 그 행복은 오래가지 못한단다. 특히 마음을 나누는 건 얼마든지 할 수 있는 쉬운 일이야. 웃는 자와 함께 웃고, 우는 자와 함께 울어주기만 해도 충분해. 나눌 때는 네 것이 잠깐 사라지는 것 같지만 시간이 지나면 그 이상으로 충분하게 돌아온단다. 아니, 그렇지 않더라도 어딘가에 큰 열매로 남게 돼. 그러니 작은 것부터 나누기 시작한다면 넌 진정한 부자가 될 거야.

셋째, 사랑해라. 결국 모든 힘은 사랑에서 나와. 되도록 미워하는 마음을 멀리하고, 사랑하는 것에 집중하도록 하렴. 사랑만이 너의 삶을 풍족하게 해줄 수 있어. 사랑이 없으면 빛나는 눈을 가지기 힘들단다.

넷째, 네가 하고 싶은 대로 하렴. 결국 넌 너 스스로의 존재이고 누구의 소유물도 아니란다. 그저 신의 섭리 가운데 창조된 유일한 존재이지. 그러니 네가 되어라. 네가 되는 유일한 방법은 네가 하고 싶은 것을 너의 의지로 하는 거란다. 아빠의 말을 다 들을 필요는 없다. 그냥 하고 싶은 대로 하렴. 아빠는 간섭하려 하고, 너를 지키려 하고, 간혹 너를 구속하려고도 할 수 있어. 그건 너를 위한 일이 아니지. 오직 아빠 나 자신을 위한 일이야. 이것을 네가 인지하는 것도 좀 더 자유로운 삶, 너를 찾아가는 삶에 도움이 될 거야.

엄마 아빠는 참 행복하단다. 네가 있기 전에도 행복했고 지금은 네가 있어 '더' 행복하단다. 다시 태어나도 이 삶을 살고 싶고, 다시 태어나도 너를 만나고 싶단다. 그 어느 누구도 부럽지 않단다. 그 이유가 뭔지 아니? 아빠도 모른단다. 봤지? 아빠도 사실 잘 몰라. 사랑해. 우리 아들 우주!

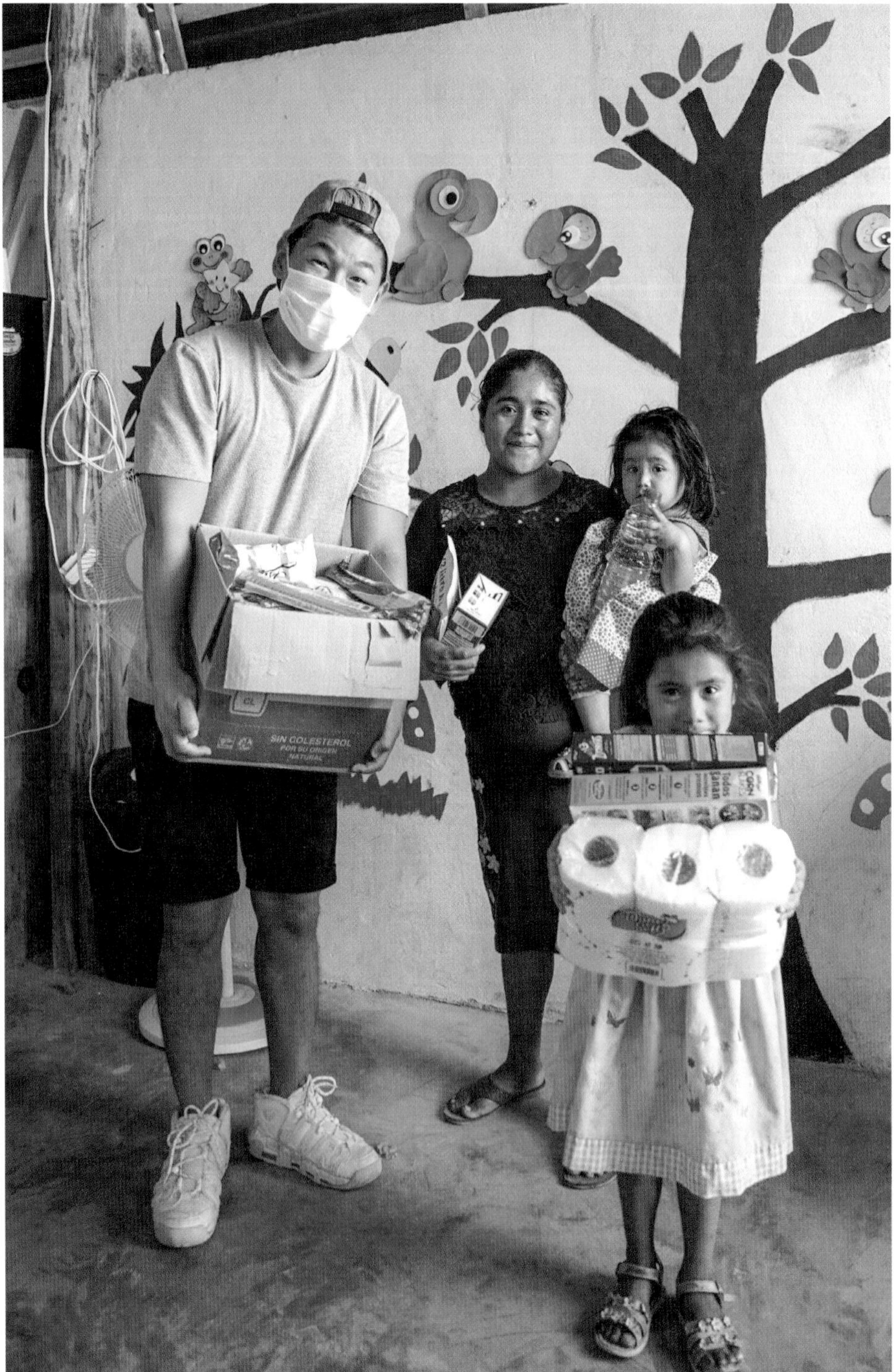
SIN COLESTEROL
POR SU ORIGEN
NATURAL

2020년 11월 12일 한영준의 기록

특별한 사람이 세상을 바꾸는 것이 아닙니다.
세상을 바꾸는 사람이 특별한 사람이 되는 것입니다.
많이 가진 자도 부자지만, 진정한 부자는 많이 나누는 자입니다.
부와 명예를 얻는 것도 성공이지만,
진정한 성공은 하고 싶은 일을 하는 것입니다.
나누면 행복해집니다. 하고 싶은 일을 하면서도 돈을 벌 수 있습니다.
아니, 잘 살 수도 있습니다.
좋은 차, 좋은 집, 좋은 옷이 자랑이 되는 세상을 향해 선한 일, 선한 마음,
선한 행동이 더 자랑이 된다는 것을 말하려 합니다.

해피 마일리지 [+15]

쉐어: 열심히 나누고

길이 이끄는 곳으로 가지 말고,

길이 없는 곳에 가서 길을 남겨라.

랄프 왈도 에머슨 *Ralph Waldo Emerson*

〈코인트리의 선물 프로젝트〉

Q1. ≪무조건 행복하세요≫에 나오는 12가지의 행복 키워드 중 한 가지를 선택해 보세요.

진실, 연결, 도움, 나눔, 용기, 신뢰, 함께, 미래, 오래, 친구, 자존감, 선물

Q2. 내가 찾은 행복 키워드를 통해 만들고 싶은 세상은 어떤 세상인가요?

예)

1. **나눔**의 기쁨을 아는 세상 (꽃얌얌이모)
2. 엉뚱한 상상을 자유롭고 **용기**있게 펼칠 수 있는 세상 (꽃쏘미)
3. 서로 **친구**가 될 수 있는 세상 (꽃별)

내가

만들고 싶은

세상은

입니다.

러브 Love
즐겁게 사랑하고

2019년 5월 1일

마중물이 되어 사람과 사람을 연결해 주고, 놀고 나누고 사랑하고 '띵가띵가' 하다 보면 아이들과 주민 모두에게 희망이 생겨난다. 정말 재밌다. 물론 재밌는 일만 있는 건 아니다. 미친 듯이 힘들고 숨이 벅차오르고 온몸은 상처투성이가 되고 나름의 스트레스도 있다. 근데 뭐 이 정도 스트레스도 안 받고 사는 사람이 세상에 얼마나 있을까 싶기도 하다.

여하튼 학업을 중단했던 빈민 아이들이 졸업장을 가질 수 있을 것 같고 더 나아가서는 꽤 괜찮은 기회들을 잡을 수 있지 않을까 생각된다. 지친 몸이야 좀 쉬면 나아질 것이고 상처도 시간이 지나면 아문다. 지금의 엄청난 스트레스도 다 지나가면 웃을 수 있는 일이 되어버림을 우리는 알고 있다. 우리가 하는 잠깐의 고생이 아이들의 긴 인생을 송두리째 바꿀 수 있다.

이게 이 일의 매력이 아닐까 싶다. 우리에게 대단하다, 훌륭하다, 멋있다고 말할 필요는 없을 것 같다. 대충 나도 그렇게 생각하고 동의하지만 더 대단한 건 나와 우리 코인트리를 후원해 주고 응원해 주는 당신이란 걸 나는 그 누구보다 잘 알고 있다.

당신, 참 대단하다. 거지같이 살던 나를 꽃거지로 만들어준 건 당신이다. 내가 만나는 흙길을 걷는 아이들에게 꽃씨 하나를 심어줄 수 있는 꽃거지가 되겠다. 진짜 고맙다.

"정말 감사드립니다. 참 고맙습니다."

에필로그

- 한영준 대표님, 달빛북스입니다.
  코인트리 이야기로 책을 만들면 좋겠어요.
- 왜 코인트리 이야기로 책을 만들려고 해요?
  다른 대단한 사람도 많은데?

그때 저의 대답은 명확했어요.

- 코인트리는 상황이 힘든 사람을 살리는 일을 하잖아요. 달빛북스는 내면이 힘든 사람을 살리는 일을 해요.
  우리는 같은 일을 하고 있어요. 코인트리의 이야기를 책으로 만들면 마음이 아픈 사람이 행복을 되찾게 될 거예요. 그 행복이 병원과 학교가 될 거라고 믿어요. 그래서 코인트리를 책으로 꼭 담고 싶어요.

- 콜. 그러면 시작합시다.

아주 짧은 대화예요. 진심이고요.

이 책을 만들 때, 3가지 키워드가 떠올랐어요.
꿈꾸는 한 사람, 무거운 책임감, 지나온 11년.

그리고 꽃거지 한영준이라는 한 사람을 조사하고, 연구했어요. 11년 동안 어떤 분들이 함께해주었는지 인터뷰했어요. 그 시작에는 제자의 이야기를 귀담아 들어준 스승님이 계셨어요.

김의수 교수님! 제자의 삶을 귀하게 여겨주시고, '공정여행가 한영준'이라는 걸음을 만들어주셔서 감사합니다. 김의수 교수님의 제자는 교수님을 닮아서 제자를 만드는 삶을 살고 있어요. 스리랑카에 사는 13살이었던 올리스에게 마음으로 다가가 그의 이야기를 귀담아듣고 키워냈어요. 그리고 그 아이는 커서 희망꽃학교(스리랑카) 선생님이 되어줬어요. 철학이 행동이 되도록 함께해 주셔서 감사합니다. **올리스**, 당신을 만나러 스리랑카에 가고 싶어요. 제2의 올리스들이 커가는 현장은 아름다운 진실입니다. 빛나는 이야기로 살아주셔서 감사해요.

김경미 사무국장님을 만나면서 코인트리의 미래를 꿈꾸게 되었어요. 코인트리는 나무가 아닌 숲이라는 걸 알게 해주셔서 감사합니다. 사무국장님의 사랑과 신뢰, 칭찬과 격려로 이 책이 완성되었습니다. 꽃농부 **전승연 한국 지부장님**. 농부의 마음으로 후원자들을 챙기고, 투명하고 진실한 걸음을 걸어주셔서 감사합니다. 또 꽃농부의 마음을 **홍선혜 팀장님**이 이어받아 유쾌한 홍보의 길을 펼쳐주셔서 감사합니다. 당신은 진정한 꽃보라예요.

애나리 대표님! 제가 만난 대표님은 코인트리와 달빛북스가 가야 할 길을 삶으로 살고 계셨어요. 대표님을 닮아 행복한 경영을 하겠습니다. 선한 영향력의 롤모델 공윤수 이사님. 코인트리와 달빛북스를 향한 축복의 기도를 부어주시고 함께해 주셔서 책이 깊어졌습니다. 감사합니다.

진심으로 사는 멕시코의 **로시오 선생님**, 볼리비아를 책임져주는 **디마르 선생님**! 우리 아이들도 선생님들께 배우면서 컸으면 좋겠습니다. 우리의 선생님이 되어주셔서 감사합니다.

사람을 살리는 삶을 살아주시는 **박명희 원장님**의 삶을 존경합니다. 원장님 덕분에 이 책을 읽는 모든 독자가 한 아이의 한 어른이 되는 행복을 누릴 거예요. 코인트리의 인생친구 **이경욱** 님과 **김온유 작가님**! 행복은 친구와 함께 하는 기쁨임을 알게 해주셔서 감사합니다.

SNS를 전부 읽고 기록해 준 **문유하 팀장님**, 행복한 그림을 그려준 **김재환 작가님**과 진심을 담아 디자인해 주신 **문유라 디자이너님**! 빠르게 가는 젊음이 아니라 오래가는 진리를 선택하고 함께 걸어줘서 감사합니다. 책의 목차가 생길 때부터 출간되는 날까지 함께해 준 **달맞이 꽃평단**(서평단)과 **독자** 한 분 한 분이 이 책의 작가입니다. 이 책을 만들어 주셔서 감사합니다.

마지막으로, 꽃거지 **한영준 대표님**.
'아이들은 거지가 아니다. 아이들 대신 내가 대신 구걸하겠다.'라는 마음으로 꽃거지 한영준으로 잘 살아주셔서 고맙습니다. 그리고 지난 11년을 멈추지 않고 기록해 주셔서 우리도 함께 행복을 누리게 되었습니다. 살아온 모든 순간, 고맙습니다. 앞으로 11년, 함께 걷겠습니다.

이 책을 완성하고 나니 3가지 키워드가 마음에 남았습니다.
행복을 누리는 사람들, 거대한 발걸음 그리고 앞으로의 11년.

이 책을 읽으며 코인트리와 함께 걷고, 돈이 해야 할 일을 되찾아 주면서 멕시코에 보건소도 짓고, 아이들 학교도 보내고, 밥도 먹이는 삶, 무조건 행복해지는 11년을 함께 살아 보면 어떨까요.

끝까지 읽어주셔서 정말 감사합니다.
행복하세요. 무조건

달빛북스 대표 박선아

코인트리 말하고 달빛북스 기록하다.

코인트리와 함께하는 13인의 '행복'을 인터뷰하고 기록했습니다.

행복이란

서로에게 도움을 주는 것

로시오

아름다운 진실을 찾아가는 것

김의수

서로를 신뢰하는 것

전승연

정말 하고 싶은 일을 하는 것

한영준

연결되는 것

올리스

행동하는 용기를 가지는 것

홍선혜

나 자신을 사랑하는 것

박명희

기쁨을 선물하는 것

김경미

나눔의 힘을 경험하는 것

이경욱

인생 친구를 만나는 것

김온유

오랫동안 지속하는 것

공윤수

미래를 꿈꾸는 것

디마르

함께 하는 것

애나리

그리고 당신

***이생망**

'이번 생은 망했어'의 줄임말.

힘든 현실에 좌절한 이 시대 청년들이 자주 사용하는 신조어이다.

***이생행**

'이번 생은 행복해'의 줄임말.

힘든 현실에 희망과 행복을 전하는 코인트리의 신조어이다.

#2 전지적 백 원 시점

나는 백 원으로 태어나서 행복할 수 없다고 생각했다.

그래서 늘 백 원의 삶에 대한 허망함을 노래했다.

내가 만난 백 원들은 평범하게 살았으니까.

다음에 태어나면 그때는 백만 원으로 태어나서 행복해야겠다고

생각하며 살았다.

그런데 생각이 달라졌다.

아버지가 남긴 책 한 권 때문이다.

≪무조건 행복하세요≫라는

책을 읽고 나니

이제야 내가 백 원으로 살면서

해야 할 일을 알게 되었다.

'백 원도 진짜 멋지게 살 수 있구나.'

내가 백 원이기에 할 수 있는 이야기가 있다.

나는 백 원 그 자체로 멋지게 살기로 했다.

앞으로 태어날 수많은 백 원에게 들려줄 노래를 만들어야지.

잘하지 않아도 남겨야 한다.

또 다른 백 원이 행복할 수 있도록.

이제는 백 원뿐 아니라 전 세계의 동전들이

한마음으로 꿈을 꾸고 있다.

어린이에게 학교와 병원이 되어주겠다는 꿈!

우리 너무 멋지게 산다.

이. 생. 행

이번 생은 행복하다.

(아버지, 저도 무조건 행복한 백 원의 길을 갑니다.♬)

코인트리가 행복해서 하는 일

교육 지원 (희망꽃학교)

모든 아이들이 꿈꿀 수 있도록 희망을 전합니다.

2014년 볼리비아, 2018년 스리랑카, 2019년 멕시코에 '희망꽃학교'를 설립하고,

빈민 가정 아이들의 꿈과 미래를 위해 교육지원을 하고 있어요

보건의료지원 (사랑꽃병원)

누구나 치료받을 수 있는 세상을 위해 노력합니다.

멕시코 빈민가 내 극빈곤층을 위해 보건의료지원을 하고 있어요.

보건소와 사랑꽃병원(2차 진료기관)을 건축하여 지속적인 보건 의료지원을 목표로 해요.

긴급구호활동

늘 '현장'에 답이 있다고 믿고 가장 필요한 것을 지원합니다.

2014년부터 대표가 구호현장에서 활동하며, 지역 사람들과 함께 일하고 있어요.

늘 '현장'에 답이 있다고 믿고, 활동 지역에 질병 재난 재해 발생 시 가장 빠르게,

가장 필요한 지원을 해요.

즐거운 기부문화 확산

기부도 좀 즐겁게, 유쾌하게, 섹시하게 하면 어떨까요?

기부는 도움받는 사람만큼 나누는 사람도 행복하고 멋진 일이죠!

모두가 행복한 세상, 즐거운 나눔으로 함께 만들어 봅시다!

저는 코인트리가 참 좋습니다.

코인트리는 놀기도(Play), 나누기도(Share), 사랑하기도(Love)

참 잘하거든요.

이 책에는 나오지 않지만 지금의 코인트리가 있을 수 있게 도와준

100명의 친구들이 있습니다.

당신들 덕분에 아이들이 뛰어놀고, 공부하고, 희망차게 살아갑니다.

참 감사합니다.

- 꽃거지 한영준 -

코인트리 100명의 친구

유찬영 노경숙 윤현로 김새해 유명희 권세진 이경화 심재용 이근재

조일연 송재한 권복음 강유미 박성인 이유경 여고은 조병관 정다현

조순복 주인자 전성자 최요셉 정명화 임평화 아네스안 줄리엔정 조현석

유니스배 이상엽 정고운 류승훈 차유리 최리사 정재율 안여진 김설화

김성일 박영규 김기욱 김윤영 손승우 남윤서 서유지 송지은 윤민아

이철경 조황 최윤현 박재병 차성진 Alberto Norma Yolanda 김은미

제이슨박 가길정 강대성 정주형 오영선 이선미 오혜주 김광진 홍기

국충완 원제스님 천미옥 임수연 제이미은영 김다솜 김병주 김유나

이경원 주혜림 강석호 김영광 윤성필 손영한 벤자민윤 송지선 이철경

황수진 나도움 이란 시진길 박새별 다나 박선아 김재환 문유라 문유하

정유진 서남식 조용운 박경호 천미욱 Don Raul 박래훈 심민하 김주연

후 원 감 사 장

성함:

후원일자:

후원자님께서 구매하신 ≪무조건 행복하세요≫ 책의 수익금은

빈민가정의 의료지원을 위한 멕시코 보건소 건축에 사용됩니다.

자신의 행복을 선택하고 그 행복을 나눠주신 후원자님께

감사와 존경의 마음을 담아 이 감사장을 드립니다.

코인트리 X 달빛북스 올림

"당신이 행복했으면 좋겠습니다."

나누면 그 기쁨과 행복이 배가 됩니다.
작은 마음들이 모이면 큰 힘이 됩니다.
혼자 꾸면 꿈이지만 함께하면 현실이 됩니다.

"잘 놀고, 열심히 나누고, 즐겁게 사랑하자."

기부도 좀 즐겁게, 유쾌하게, 섹시하게 하면 어떨까요?
기부는 도움받는 사람만큼 나누는 사람도 행복하고 멋진 일이죠!
모두가 행복한 세상, 즐거운 나눔으로 함께 만들어 볼까요?

코인트리 후원신청

코인트리와 함께 즐거운 나눔에 동참하고 싶으신 분께서는
QR 코드를 스캔해 주시거나 아래 후원 계좌를 참고해 주세요.

농협 301-0295-9038-71
예금주: 사단법인 코인트리

≪무조건 행복하세요≫

함께 해준 사람들

김수경 이은희 이지혜 최미영 신수일 이선미
김선이 권윤혜 방건영 박은숙 달맞이꽃평단
그리고 당신

이 책의 수익금은 '코인트리 멕시코 보건소 짓기 프로젝트'에 쓰입니다.
도서출판 달빛북스는 살아낸 모든 이야기를 귀하게 여깁니다.

- 책 가격은 뒤표지에 있습니다.
- 잘못 만들어진 책은 구입처에서 교환해 드립니다.